세상에서 제일 귀여운 클레이 동물

유아동 미술 활동부터 성인 취미까지!!

세상에서 제일 귀여운 클레이 동물

봄다방 김민정 지음

슬로래빗

클레이로 즐겁고 행복한 순간을 만들어요!

동물의 눈을 들여다보면 말로 표현할 수 없는 수많은 감정이 느껴져요. 동물은 사람과 언어로 소통하진 않아도 눈빛과 몸짓으로 교감하지요. 그 순간의 소중함에 어릴 적부터 동물을 무척 좋아했답니다. 한때 사육사를 꿈꿨을 정도로 말이에요. 동물을 그리는 것도 즐겼어요. 수채화로 그렸던 수탉의 꽁지깃 색이 오랫동안 기억에 남아 있는 걸 보면, 그 순간이 저는 무척 즐겁고 행복했었나 봐요.

무언가를 좋아한다는 것은 꾸준히 할 수 있게, 또 잘할 수 있게 도와주는 힘이 되는 것 같아요. 동물을 즐겨 그리고, 꼼지락거리며 만들기를 좋아했던 제가 클레이 아티스트가 되었으니까요. 아이들과 멋진 클레이 장난감을 만들고 싶은 부모님들을 위해 처음 펴낸 책이《세상에서 제일 귀여운 클레이 대백과》예요. 책에 수록된 157점의 작품을 책이 누더기가 될 정도로 만들고 또 만들던 큰아이가 어느날, 동물들의 이름을 줄줄이 대며 더욱 다양한 동물을 만들고 싶다고 이야기합니다. 그렇게《세상에서 제일 귀여운 클레이 동물》이 출간되게 되었답니다. 책을 집필하며 만든 100점의 동물 작품은 아이들에게 세상에 단 하나뿐인 장난감이 된 것은 물론이고, 나와 다른 존재를 존중하는 마음까지 키워 주는 계기가 되었지요.

이번 책에서는 동물의 무늬, 수염, 깃털, 표정과 명암까지 조금 더 세밀한 부분을 섬세하게 표현했어요. 그렇기에 다소 어려워 보일 수 있어요. 하지만 책의 앞부분에 수록되어 있는 기본 도형 조형법과 색상 혼합법을 먼저 익히고, 자세한 설명과 사진을 보며 차근차근 따라 하면 누구나 멋진 작품을 만들 수 있답니다. 작은 클레이 조각들이 합쳐져 하나의 작품으로 완성되기까지의 과정을 통해 집중력과 인내력을 기르고, 자신감과 성취감까지 느낄 수 있을 거예요.

독자 여러분들이 클레이를 만나는 지금 이 순간이 즐겁고 행복하기를, 오랜 시간이 흘러도 좋은 기억으로 남기를 바랍니다. 저의 추억 속 수탉 꽁지깃처럼요!

준비물

칼라클레이 ^{필수}

기본 5색(빨간색, 노란색, 파란색, 흰색, 검은색)으로 준비하면 됩니다. 흰색이 가장 많이 쓰이며, 노란색이 그다음으로 많이 쓰이니 분량을 조절하여 준비해 주세요.

클레이 보관통 ^{필수}

클레이를 보관하는 용도이지만, 밀폐용기라 해도 조금씩 공기가 통하여 클레이가 굳거나 습기가 찰 수 있어요. 클레이가 처음 담겨 있었던 지퍼백이나 용기에 잘 밀봉해 보관하는 게 가장 좋습니다. 보관통은 당일 사용할 양을 덜어서 담아 두는 용도로 사용해 주세요.

조형 도구 ^{필수}

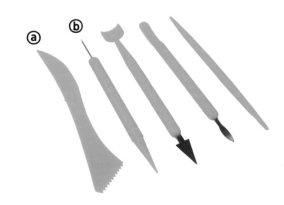

구성 개수에 따라 3조 도구, 5조 도구, 7조 도구, 16조 도구 등 종류가 아주 다양하지만, 흔히 많이 쓰는 것은 5조 도구입니다. 제조사에 따라 5조 도구의 구성이 조금씩 다른데, 클레이를 자르거나 클레이에 자국을 낼 때 필요한 칼 도구ⓐ와 코나 입, 이니셜 등을 스케치하거나 세심한 작업을 할 때 필요한 송곳 도구ⓑ가 포함된 것으로 준비해 주세요! 송곳 도구 대신 이쑤시개를 사용해도 됩니다.

도트봉 ^{필수} 클레이 조각을 돌출되지 않게 붙이고 싶을 때 필요한 도구입니다. 이 책에서는 주로 눈을 붙일 때 많이 사용하는데, 도트봉으로 눌러서 클레이에 홈을 만든 다음 그 안에 또 다른 클레이를 채워 넣는 식이랍니다. 도트봉이 없으면 붓대 끝이나 젓가락을 이용하세요.

상황에 따라 다양한 크기의 도트봉을 사용해요.

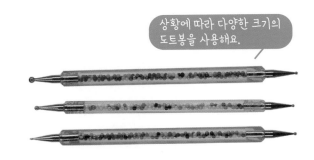

밀대 ^{필수} 클레이를 납작하거나 얇게 밀 때 사용합니다. 뒤에서 설명할 커버 그라데이션(11p)에 꼭 필요한 도구입니다.

아크릴판 ^{필수} 클레이 조각을 아크릴판으로 꾹 누르면 손으로 누를 때보다 좀 더 균일한 두께로 만들 수 있어요. 특히 새의 깃털이나 동물의 무늬를 만들 때 유용해요.

가위 ^{필수} 클레이를 깨끗하게 자를 때도 필요하고, 가위집을 내는 등 섬세한 표현에도 사용합니다.

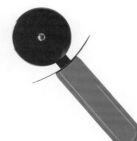

피자커터 ^{필수} 가위로 면적이 넓은 클레이를 반듯하게 자르기는 어렵습니다. 그럴 때 둥근 칼이 달린 피자커터가 유용해요!

빨대 빨대를 그대로 사용하거나 단면을 반으로 잘라서 무늬를 낼 때 사용해요. 음료수 빨대, 요구르트 빨대, 커피 빨대 등 다양한 크기의 빨대를 준비해 놓으면 유용합니다.

쿠킹포일 쿠킹포일을 뭉쳐서 클레이 위를 누르면 거친 질감을 표현할 수 있어요.

붓과 파스텔 파스텔을 종이에 쓱쓱 칠하면 가루가 생겨요. 이 가루를 붓끝에 묻혀서 채색하면 더욱 입체감 있는 작품을 만들 수 있답니다. 섬세한 표현에는 아크릴 물감을 사용하기도 해요.

낚싯줄 낚싯줄은 동물의 수염을 표현할 때 사용합니다. 이때 탄성이 없는 낚싯줄로 준비해야 수염이 쭉쭉 뻗은 모습을 표현할 수 있어요.

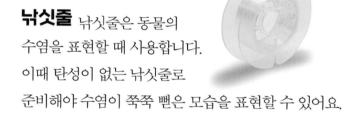

철사와 이쑤시개 이번 책에서는 공예용 철사나 이쑤시개를 주로 동물의 다리 안쪽에 넣어서 몸통을 연결하고 지지하는 뼈대로 사용해요. 특히 공예용 철사는 튼튼하면서도 잘 구부러져서 다루기 좋아요. 나뭇가지처럼 가느다란 모양이 찌그러지지 않게 하는 데도 유용하답니다.

오일 도트봉, 밀대 등의 도구에 오일을 소량 바른 후 사용하면 클레이가 달라붙는 것을 방지할 수 있습니다. 클레이 색이 변하지 않도록 반드시 무색 오일로 준비하세요!

목공풀 브로치, 자석 등의 부재료에 클레이 작품을 붙여서 소품을 만들거나 굳은 클레이를 서로 이어 붙일 때 사용합니다. 목공풀보다 훨씬 단단하게 붙는 순간접착제를 사용하기도 해요.

바니쉬 직사광선이나 먼지로부터 작품을 보호할 때 사용합니다. 주로 붓에 묻혀 칠하지만, 붓 자국이 남지 않게 하려면 작품을 바니쉬에 담갔다가 빼는 것도 좋은 방법이에요. 그로스 바니쉬는 유리처럼 반짝거리고, 매트 바니쉬는 광이 약해 플라스틱 느낌이 나니 취향에 따라 선택합니다. 단, 클레이 특유의 지우개 같은 질감이 사라지니 꼭 필요할 때만 사용하세요!

클레이판 책상 위에서 작업하면 클레이가 책상에 달라붙을 수 있어요. 덥고 습도가 높은 여름에는 겨울에 비해 클레이가 더 끈적끈적해진답니다. 클레이판 혹은 넌스틱 보드를 깔고 작업하거나, 집에 있는 종이호일을 사용하면 됩니다.

여기서 소개한 재료들은 공예 전문 쇼핑몰 파스텔크래프트(www.pastelclay.com)에서 구할 수 있어요.

반죽법만 달라져도 다른 작품이 탄생한다!

같은 색을 섞어도 섞는 방법에 따라 다양하게 표현됩니다. 아래 사진과 같이 빨강과 노랑을 기본 혼합 방법으로 섞으면 주황색의 단색이 나오지만, 하프 믹스 방법으로는 말 그대로 빨강과 노랑이 거칠게 나타납니다. 그라데이션에서는 빨강에 노랑이 묻어나는 느낌을 낼 수 있고, 커버 그라데이션에서는 줄무늬 느낌도 만들어 낼 수 있지요. 이처럼 색상 혼합의 다양한 기법을 알면 정말 멋진 클레이 작품을 만들 수 있답니다.

믹스

하프 믹스

그라데이션

커버 그라데이션

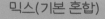
믹스(기본 혼합)

1 혼합할 색의 원형을 붙여 한 덩어리로 만들어요.

2 덩어리를 양손으로 살포시 쥐어요.

3 손가락에 힘을 빼고 짧게 늘려 줍니다.

4 그대로 반으로 접어 주세요.

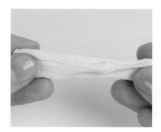
5 다시 쭉 늘려 주세요.

6 그대로 반으로 접어요.

7 계속 반복하다가 하나의 색이 되면 동그랗게 뭉쳐요.

8 새로운 색이 만들어졌어요.

9

1 하프 믹스할 색의 원형을 준
비해요.

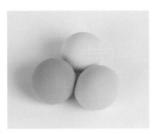

2 서로 붙여 한 덩어리로 만들
어요.

3 양손으로 살포시 쥐어요.

4 손가락에 힘을 빼고 짧게 늘
려 줍니다.

5 그대로 반으로 접어 주세요.

6 원하는 무늬가 나올 때까지
늘렸다 접었다를 반복해요.

7 덩어리를 동그랗게 뭉쳐 주
세요.

8 완전히 혼합되지 않은 상태
의 하프 믹스를 완성합니다.

그라데이션

1 그라데이션할 색의 원형을
납작하게 눌러 줍니다.

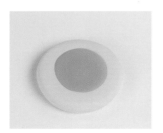

2 두 색을 겹쳐 붙이고 다시
한 번 납작하게 눌러요.

3 덩어리 아랫부분에 손가락
을 대고 위로 쭉 늘려요.

4 가장자리를 안쪽으로 접어
요.

5 납작하게 눌러 편평하게 만
들어요.

6 계속 3~5번 과정을 반복하
면 아래 색이 점점 올라와요.

7 원하는 그라데이션이 표현
되면 동그랗게 뭉쳐요.

8 그라데이션이 완성되었어
요.

1 커버 그라데이션할 색의 원형을 긴 줄로 만들어요.

2 긴 줄을 옆으로 쭉 붙여 줍니다.

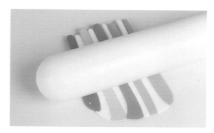

3 줄의 방향에 따라 밀대로 얇게 밀어요.

4 윗부분을 아래로 접어 주세요.

5 아랫부분을 위로 접어 주세요.

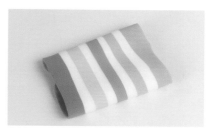

6 뒤집어 주세요.

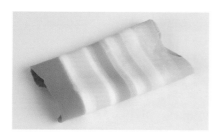

7 다시 한 번 3~6번 과정대로 하면 인접한 색과 섞이기 시작해요.

8 예쁜 그라데이션이 표현될 때까지 반복합니다.

9 그라데이션으로 감쌀 도형을 준비합니다.

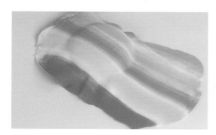

10 도형 위에 커버 그라데이션을 덮어 주세요.

11 남는 부분은 잘라 낸 다음, 살짝씩 늘리며 붙여서 도형을 완전히 감싸 주세요.

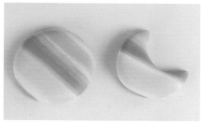

12 손으로 매만져서 완성합니다. 같은 방법으로 다양한 도형을 만들 수 있어요.

세상 모든 색을 만들어요!

색상 혼합법

빨간색, 노란색, 파란색, 흰색, 검은색 5가지 기본색만 있으면 세상 모든 색을 만들 수 있어요. 선명하고 화려한 원색 색감부터 화사하고 산뜻한 파스텔 색감까지 원하는 색은 무엇이든지요. 다음 페이지의 색상 혼합 꿀팁을 먼저 숙지한 다음, 색을 한번 만들어 보세요. 작품에서는 더욱 다양한 색감을 사용했으니 작품에 제시된 표를 참고하세요.

연분홍색	분홍색	진분홍색	연보라색	보라색
흰 9.5 + 빨 0.5	흰 8.5 + 빨 1.5	흰 7 + 빨 3	흰 9 + 빨 0.6 + 파 0.4	빨 6 + 파 4

살구색	연주황색	귤색	주황색	다홍색
흰 9 + 노 0.6 + 빨 0.4	노 9.5 + 빨 0.5	노 9 + 빨 1	노 8 + 빨 2	노 6 + 빨 4

베이지색	황토색	갈색	고동색	흑갈색
흰 9.5 + 노 0.2 + 빨 0.2 + 검 0.1	노 8.5 + 빨 1.2 + 검 0.3	노 7 + 빨 2.5 + 검 0.5	노 5 + 빨 3 + 검 2	노 3.5 + 빨 3.5 + 검 3

우유색	연미색	연노란색	레몬색	진노란색
흰 9.9 + 노 0.1	흰 9.7 + 노 0.3	흰 9 + 노 1	노 6 + 흰 4	노 9.8 + 빨 0.2

백옥색	연두색	초록색	진초록색	국방색
흰 9.7 + 노 0.2 + 파 0.1	노 9 + 파 1	노 6 + 파 4	파 5 + 노 4.5 + 검 0.5	노 4.8 + 파 3.2 + 검 2

연하늘색	하늘색	남색	밝은회색	회색
흰 9.5 + 파 0.5	흰 9 + 파 1	파 6 + 검 4	흰 9.7 + 검 0.3	흰 9 + 검 1

COLOR TIPS!

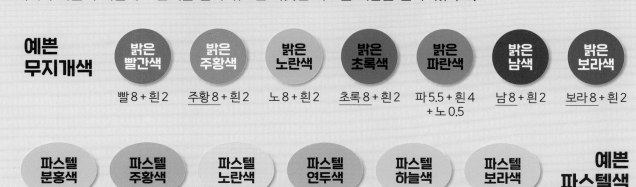

연한 색에 진한 색 넣기! 연한 색에 진한 색을 조금씩 추가하면서 원하는 색으로 맞춰 가야 해요. 진한 색에 연한 색을 넣게 되면 나도 모르게 클레이가 눈덩이처럼 커질 수 있답니다.

색 추가는 하나씩만! 3가지 색을 섞어야 할 경우, 2가지 색을 먼저 섞은 다음 나머지 색을 아주 조금씩 넣으며 섞어야 실패할 확률이 줄어들어요.

색이 너무 진하다면? 적당량을 떼어 낸 다음, 밝은색을 넣어 섞도록 합니다.

예쁜 색을 원한다면 흰색과 노란색을 섞어 보세요! 흰색을 섞으면 같은 무지개색도 더욱 부드러워지고, 분홍색이나 하늘색 계열에 노란색을 살짝 섞으면 따뜻한 파스텔 색감을 낼 수 있어요.

예쁜 무지개색

밝은 빨간색	밝은 주황색	밝은 노란색	밝은 초록색	밝은 파란색	밝은 남색	밝은 보라색
빨 8 + 흰 2	주황 8 + 흰 2	노 8 + 흰 2	초록 8 + 흰 2	파 5.5 + 흰 4 + 노 0.5	남 8 + 흰 2	보라 8 + 흰 2

파스텔 분홍색	파스텔 주황색	파스텔 노란색	파스텔 연두색	파스텔 하늘색	파스텔 보라색	
흰 9.5 + 빨 0.4 + 노 0.1	흰 9.5 + 주황 0.5	흰 9.5 + 노 0.5	흰 9.5 + 연두 0.5	흰 9.5 + 파 0.4 + 노 0.1	흰 9.5 + 보라 0.5	**예쁜 파스텔색**

어려운 작품도 기본 도형으로부터!

도형 만드는 법

클레이 작품은 원형에서 시작하여 기본 도형을 만들고, 그 도형을 응용하거나 변형시켜서 작품을 완성하게 됩니다. 원형을 비롯한 기본 도형 만들기는 좋은 클레이 작품이 나오기 위한 기본인 동시에 가장 중요한 부분이랍니다. 옷 입기로 말하면 첫 단추를 끼우는 일이지요. 더 쉽고 예쁘게 클레이 작품을 만들고 싶다면, 반드시 도형 만드는 법을 먼저 익혀 주세요!

귀 물방울
눈 원형
얼굴 타원형
꼬리털 얇고 긴 줄
다리 물방울과 타원형

원형

1 클레이를 준비해요.

2 손바닥 사이에 클레이를 놓고 힘있게 굴려 주세요.

3 작게 만들려면 손바닥 위에 올리고 한 손가락으로 굴려요.

4 주름 없이 예쁜 원형이 완성됩니다.

타원형과 줄

1 원형을 준비해요.

2 원형을 바닥에 놓고 손가락으로 살짝 누르며 밀어요.

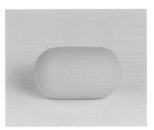

3 가로가 긴 타원형이 완성됩니다.

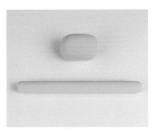

4 타원형을 더 길쭉하게 밀면 줄을 만들 수 있어요.

원기둥

1 원형을 손가락으로 밀어서 타원형을 만들어요.

2 꼬집듯 매만져 바닥은 편평하게 윤곽은 또렷하게 합니다.

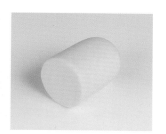

3 한쪽 끝이 둥근 원기둥이 만들어졌어요.

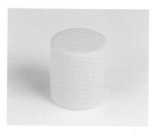

4 반대편도 같은 방법으로 만지면 원기둥이 만들어져요.

얇고 긴 줄

1 원형을 손가락으로 밀어서 타원형을 만들어요.

2 양손 엄지와 검지로 타원형을 살포시 잡아 주세요.

3 손에 힘을 빼고 클레이를 양옆으로 쭉 늘린 다음, 가운데 있는 얇고 긴 줄을 잘라서 줄무늬나 긴 털, 수염 등을 표현할 때 사용합니다.

물방울

1 원형을 준비해요.

2 원형의 한쪽 끝을 손가락으로 밀어 뾰족하게 만들어요.

3 양손 손날로 원형을 굴리면 더 긴 물방울도 만들 수 있어요.

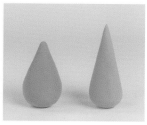

4 한쪽은 둥글고 한쪽은 뾰족한 물방울 모양이 완성되었어요.

양쪽 물방울

1 원형을 준비해요.

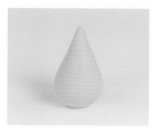

2 물방울을 먼저 만들어요.

3 물방울의 둥근 부분도 뾰족하게 만들어 주세요.

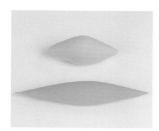

4 뾰족한 부분의 길이에 따라 다양하게 표현됩니다.

원뿔

1 원형을 준비해요.

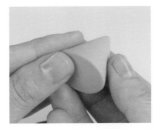

2 물방울을 먼저 만들어요.

3 물방울의 둥근 부분을 꼬집 듯 매만져 바닥은 편평하고 윤곽은 또렷하게 만들어요.

4 원뿔이 완성되었어요.

마이크

1 원형을 준비해요.

2 원형을 손바닥 위에 올리고 반대편 손가락으로 원형 한 쪽을 힘있게 밀어요.

3 엄지와 검지로 마이크 머리 와 기둥 경계 부분을 잡고 굴려서 정리합니다.

4 기둥의 길이에 따라 다양하 게 표현됩니다.

삼각형과 사각형

1 원형을 여러 번에 걸쳐 나누 어 눌러 납작하게 해요.

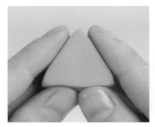

2 가장자리를 손가락으로 눌 러 모서리를 3개 만들어요.

3 모서리와 윤곽을 꼬집듯 매 만져 또렷하게 만들어요.

4 같은 방법으로 사각형도 만 들 수 있어요.

반구

1 원형을 준비해요.

2 꼬집듯 매만져 바닥은 편평하 게 윤곽은 또렷하게 합니다.

3 반구가 완성되었어요.

1 긴 줄을 준비해요.

2 긴 줄을 손가락으로 납작하
게 눌러 주세요.

3 이제 밀대로 여러 번에 걸쳐
밀어요.

4 원하는 모양으로 잘라서 사
용합니다.

주름 잡기

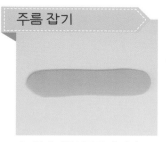

1 클레이를 납작하게 밀어요.

2 클레이의 한쪽 끝을 살짝 구
부려 붙여 주세요.

3 반복하면 주름이 만들어져
요.

4 반대쪽 끝까지 주름을 잡아
주세요.

하트

1 원형의 한쪽을 뾰족하게 만
들어 물방울을 만들어요.

2 손가락으로 여러 번에 걸쳐
나누어 눌러 납작하게 해요.

3 둥근 부분을 칼 도구로 눌러
갈라지게 만들어요.

4 갈라진 부분을 매만져 정리
하면 하트가 완성됩니다.

17

알아 두면 좋을 꿀팁을 공개합니다!

Q1 색 만들기가 어려워요

작품마다 색이름과 배합 비율을 자세히 적어 놓긴 했지만, 소수점 배율까지 정확하게 맞춰 만들기는 어려워요. 색을 조금씩 섞어 가며 비슷한 색을 찾되, 꼭 같은 색으로 만들 필요는 없답니다. 어두운색을 추가할 때는 눈곱만큼 넣어도 색이 크게 달라지니 주의하세요. 참! 책에 수록한 작품 중 벌새(95p)만큼은 화려한 깃털을 표현하기 위해 형광색 클레이를 별도로 구입해 만들었어요.

Q2 클레이에 손때가 잘 묻어요

클레이를 시작하기 전에 손을 깨끗이 씻고 물기를 잘 닦아 주세요. 그런 다음 흰색 클레이를 조금 떼어 두 손바닥으로 비비고 손톱 밑까지 콕콕 두드려요. 어두운색 클레이를 만진 후에도 같은 방법으로 손을 깨끗이 하면, 숨은 때까지 없앨 수 있어서 훨씬 깔끔하고 예쁜 작품을 만들 수 있어요.

Q3 클레이 작품에 구멍이나 주름이 생겨요

클레이를 늘렸다 접었다를 반복하며 반죽하는 것은 색상 혼합할 때뿐만 아니라 색을 섞지 않을 때도 필요합니다. 어떤 작품이나 기본은 원형에서부터 시작하기 때문에 클레이를 충분히 반죽해서 손바닥으로 꽉 쥐어 기포를 뺀 다음, 주름 없이 예쁜 원형을 만들어야 작품도 깔끔하고 예쁘답니다.

Q4 클레이가 바닥에 자꾸 달라붙어요

클레이를 밀대로 납작하게 밀거나 손바닥으로 누를 때 바닥에 많이 달라붙게 됩니다. 이때는 전용 받침(클레이판 또는 넌스틱 보드)이나 종이호일을 깔아 보세요. 또한, 한 번에 하기보다는 누르고 떼어 내고, 누르고 떼어 내는 식으로 여러 번에 걸쳐 나누어 작업하는 것이 좋답니다.

Q5 눈을 깔끔하게 표현하고 싶어요

원형을 얼굴에 그대로 붙이면 모양이 망가지고 돌출되어 깔끔하지 않아요. 이때는 도트봉으로 눌러 홈을 낸 다음, 원형을 넣어 붙이는 게 가장 좋은 방법입니다. 아크릴판으로 원형을 납작하게 눌러서 붙여도 깔끔하게 표현할 수 있답니다.

눈 붙이는 법

Q6 클레이끼리 붙인 경계를 자연스럽게 하고 싶어요

손가락이나 붓대 끝에 물을 소량 묻혀 클레이끼리 붙인 경계를 문질러 보세요. 클레이가 물에 녹으면서 경계가 자연스럽게 이어진답니다. 작품의 완성도를 높이기 위한 과정이니 생략해도 괜찮아요. 자칫 물을 너무 많이 묻히면 클레이가 녹아 색이 번지는 등 작품이 지저분해질 수 있고, 어두운색에는 얼룩이 남을 수 있어요.

경계면 없애는 법

Q7 아크릴판은 언제 사용하는 게 좋나요?

도형을 납작하게 누를 때 아크릴판을 이용하면 도형의 원래 모양을 유지하면서 균일한 두께로 만들 수 있어요. 투명한 판이라 크기를 확인하며 누를 수 있고, 손보다 훨씬 납작하게 만들어지는 것도 장점이지요. 긴 줄을 만들 때도 같은 굵기로 정교하게 만들 수 있답니다. 이 밖에도 도형을 깔끔하게 만들고 면을 다듬을 때도 유용해요. 아크릴판을 사용하는 상세한 방법은 사진과 동영상을 통해 확인해 보세요!

아크릴판 사용법

납작하게 누르기

긴 줄 만들기

물방울 만들기

타원형 만들기

삼각형 다듬기

Q8 파스텔을 번지지 않게 칠하고 싶어요

종이에 파스텔을 문질러서 나온 가루를 붓에 골고루 묻힌 다음, 손등에 붓을 대고 가루를 털어 내요. 작품에 칠할 때도 입으로 후후 불어 가루를 날리면 파스텔 번짐을 최소화할 수 있어요. 세밀한 부분은 꼭 세필붓을 사용해 주세요!

파스텔 사용법

Q9 파스텔을 발랐더니 가지고 놀 때 번져요

파스텔은 작품을 입체적으로 표현하기 위해 사용합니다. 전시하는 작품에는 파스텔로 작품의 완성도를 높이는 게 좋지만, 장난감처럼 가지고 놀 때는 파스텔 칠하는 과정을 생략해도 됩니다.

Q10 쓰고 남은 클레이는 어떻게 보관하나요?

클레이는 공기 중에서 자연 건조됩니다. 클레이가 최대한 공기에 닿지 않게 필요한 만큼만 떼어 쓰고, 처음 담겨 있던 지퍼백이나 용기 그대로 잘 밀봉해 보관하는 것이 제일 좋은 방법이에요. 클레이가 살짝 굳었을 때는 물을 찍어 조물조물 주무르면 말랑말랑해진답니다.

Q11 옷에 클레이가 붙었어요

큰 덩어리는 손으로 먼저 떼어 낸 다음, 다른 클레이 덩어리로 톡톡 두드려 떼어 보세요. 그래도 떨어지지 않는다면, 따뜻한 물에 5분 이상 담가 두었다가 손으로 살살 비비면 녹아요. 머리카락에 묻었을 때도 따뜻한 물을 적셔서 린스로 씻어 내면 됩니다.

Q12 클레이 작품을 오래 보관하고 싶어요

자연 건조로 완전히 굳으면 눌러도 움푹 파이지 않을 만큼 단단해지지만, 직사광선을 쐬면 색이 바랜다는 단점이 있어요. 먼지가 오래되면 작품에 아예 달라붙기도 합니다. 따라서 직사광선을 피해 보관하고, 가끔 후후 불어서 먼지를 털어 줘야 합니다. 작품이 굳은 후 바니쉬를 발라 말리면 색 바램과 먼지로부터 작품을 어느 정도 보호할 수 있어요.

차례

PART 1
물을 좋아하는 동물

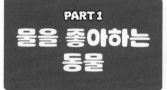

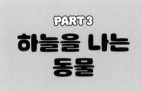

PART 3
하늘을 나는 동물

★★★★★
원앙 °130p

★★★★★
홍학(플라밍고) °134p

PART 4
숲에 사는
동물

★★★☆☆
청설모 °140p

★★★★★
다람쥐 °143p

★★★★☆
나무늘보 °148p

★★★★☆
판다 °150p

★★★★☆
레서판다 °154p

★★★★☆
코알라 °158p

★★★★☆
퀴카 °161p

★★★★☆
고릴라 °164p

★★★☆☆
침팬지 °167p

★★★★☆
오랑우탄 °170p

★★★★☆
알락꼬리여우
원숭이 °174p

★★★★☆
맨드릴개코
원숭이 °178p

★★★★☆
담비 °182p

★★★★☆
사슴 °185p

★★★★☆
너구리 °188p

★★★☆☆
멧돼지 °192p

★★★★★
호랑이 °194p

★★★☆☆
반달가슴곰 °198p

PART 5
초원에 사는
동물

★★★☆☆
스컹크 °202p

★★★★☆
가젤 °204p

★★★★☆
개미핥기 °208p

늑대 ° 211p

하이에나 ° 214p

여우 ° 217p

치타 ° 220p

얼룩말 ° 223p

기린 ° 226p

캥거루 ° 229p

코뿔소 ° 232p

버팔로 ° 235p

코끼리 ° 238p

사자 ° 241p

PART 6
극한 환경도
끄떡없는 동물

뱀 ° 246p

박쥐 ° 248p

카멜레온 ° 250p

미어캣 ° 255p

사막여우 ° 258p

낙타 ° 261p

아르마딜로 ° 264p

친칠라 ° 268p

알파카 ° 270p

펭귄 ° 273p

북극곰 ° 276p

용 ° 278p

PART 7
사람과 함께 사는 동물

★★★★☆
닥스훈트 °286p

★★★★☆
달마시안 °290p

★★★☆☆
말티즈 °292p

★★★★☆
비글 °295p

★★★★☆
슈나이저 °298p

★★★★☆
웰시코기 °302p

★★★★☆
진돗개 °305p

★★★★☆
토이푸들 °308p

★★★★☆
시츄 °311p

★★★★☆
퍼그 °314p

★★★★☆
포메라니안 °317p

★★★★☆
프렌치불독 °320p

★★★★☆
러시안블루 °324p

★★★★☆
스핑크스 °327p

★★★★☆
코리안숏헤어 °330p

★★★★☆
페르시안 °333p

★★★☆☆
기니피그 °336p

★★★★☆
고슴도치 °338p

PART 1
물을 좋아하는 동물

흰동가리

소요시간 1시간 내외

난이도 ★★★☆☆

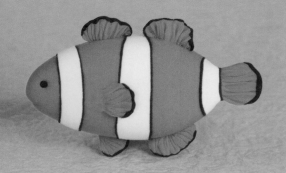

준비물 칼 도구, 꽃 밀대, 도트봉, 아크릴판, 가위

클레이 색상 ⬤ 밝은주황색(주황*8+흰2) * 주황색(노8+빨2)
⚪ 흰색 ⚫ 검은색

1 밝은주황색 원형을 밀어서 양쪽 물방울 모양의 몸통을 만들어요.

2 흰색 클레이를 길게 밀고 아크릴판으로 납작하게 눌러서 줄무늬를 준비해요.

3 몸통 앞부분과 중간에 줄무늬를 표현해요.

4 검은색 클레이로 긴 줄을 만들어요.

5 검은 줄을 흰 줄무늬 테두리에 둘러 붙여요.

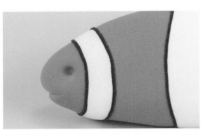

6 칼 도구로 눌러 입을 만들고, 눈 붙일 자리를 도트봉으로 눌러 홈을 내요.

7 홈에 검은색 원형을 넣어 눈을 표현해요.

8 밝은주황색 타원형을 납작하게 누르고, 검은색 줄을 한쪽 테두리에만 둘러요.

얇은 이쑤시개를 사용해도 좋아요.

9 꽃 밀대로 밀어 주름을 만들고, 아래쪽을 편평하게 잘라 내요.

28

10 몸통 위에 붙여서 등지느러미를 표현해
요.

11 같은 방법으로 가슴지느러미를 만들어
요.

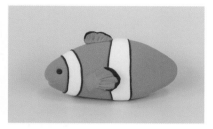

12 양쪽 배에 붙여요.

13 마찬가지로 나머지 지느러미들도 만들
어 붙여요.

14 몸통과 꼬리 사이에 흰색 줄무늬와 검
은색 테두리를 붙여서 흰동가리를 완
성합니다.

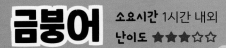

금붕어

소요시간 1시간 내외
난이도 ★★★☆☆

준비물 칼 도구, 꽃 밀대, 도트봉, 밀대, 가위, 붓과 파스텔, 빨대
클레이 색상 ⬤ 밝은주황색(주황*8+흰2) * 주황색(노8+빨2)
⬤ 우유색(흰9.9+노0.1)   ⬤ 연노란색(흰9+노1)
⬤ 검은색

> 외피가 구멍이 났을 때를 대비해 외피와 비슷한 색으로 심재를 만들면 좋아요.

1 밝은주황색 타원형 모양의 몸통 심재를 준비해요.

> 밝은주황색과 우유색을 같은 비율로 준비해요.

2 밝은주황색과 우유색을 길게 민 다음, 위 아래로 붙여서 준비해요.

3 커버 그라데이션 기법(11p)으로 2를 섞어서 몸통 외피를 준비해요.

> 아가미 부분을 오목하게 해요.

4 몸통 심재를 몸통 외피로 감싼 다음, 물고기 몸통 모양으로 매만져요.

> 칼 도구로 아가미 자국도 내 주세요!

5 빨대 끝으로 눌러서 비늘을 표현해요.

> 빨대 단면을 3분의 1 정도 남겨서 찍어요.

6 도트봉으로 입을 오목하게 눌러요.

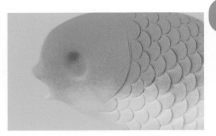

7 눈 붙일 자리를 도트봉으로 눌러 홈을 내요.

> 살짝 돌출되어야 예뻐요.

8 홈 안에 밝은주황색 원형을 붙여요.

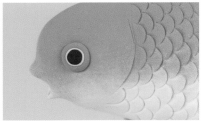

9 연노란색과 검은색 원형을 납작하게 누른 후, 차례로 붙여서 눈동자를 표현해요.

10 밝은주황색과 흰색으로 커버 그라데이션을 준비해요.

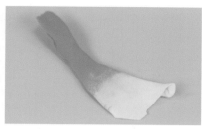

11 양쪽 끝을 모아서 접어요.

12 가슴지느러미 크기로 세모나게 오려요.

얇은 이쑤시개를 사용해도 좋아요.

13 꽃 밀대로 밀어서 주름을 표현해요.

14 아가미 근처에 가슴지느러미를 붙여요.

15 배지느러미도 10~13번처럼 만들어 붙여요.

16 같은 방법으로 커버 그라데이션을 만들어 꼬리지느러미 모양으로 오려요.

17 꽃 밀대로 밀어서 주름을 표현해요.

18 비슷한 모양으로 꼬리지느러미를 하나 더 만들어요.

19 몸통 끝에 꼬리지느러미 2개를 모아 붙여요.

20 같은 방법으로 등지느러미를 만들어 붙여요.

21 주황색 파스텔을 칠해서 입체감 있게 금붕어를 완성합니다.

개구리

소요시간 1시간 내외
난이도 ★★★★★

준비물 칼 도구, 송곳, 도트봉, 가위, 붓과 파스텔

클레이 색상
○ 밝은연두색(연두*8+흰2) * 연두색(노9+파1)
○ 노란색   ● 검은색
● 카키색(노9+검1)   ○ 어두운노란색(노9.8+검0.2)
○ 밝은황토색(흰7+황토*3) * 황토색(노8.5+빨1.2+검0.3)

1 밝은연두색 원형을 밀어서 양쪽 물방울을 만들어요.

2 물방울 한쪽 끝은 뾰족하게 매만져 머리를 만들고, 가운데는 굴곡을 주어 등을 표현해요.

3 칼 도구로 눌러서 입을 표현해요.

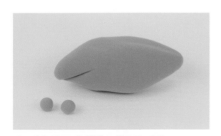

4 밝은연두색 원형 2개를 준비해요.

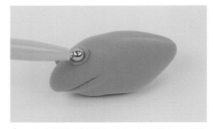

5 머리 위쪽에 붙인 다음, 눈 붙일 자리를 도트봉으로 눌러 홈을 내요.

6 노란색 원형을 넣어 붙여서 홈을 채워요.

가운데 줄은 살짝 비스듬하게 붙여요.

7 검은색 긴 줄을 노란색 원형의 테두리와 가운데에 붙여요.

8 검은색과 흰색 원형을 차례로 붙여서 빛나는 눈동자를 표현해요.

입과 눈의 중간쯤에 콧구멍을 표현해요.

9 송곳으로 구멍을 2개 내서 콧구멍을 만들고, 흰색 파스텔로 볼록한 배를 표현해요.

10 같은 크기의 밝은연두색 원형 2개를 마이크 모양으로 만들어요.

11 동그란 부분은 가위로 잘라 뒷발가락을 만들고, 손잡이 부분은 구부려서 뒷다리를 완성해요.

12 카키색 물방울 모양을 납작하게 만들어요.

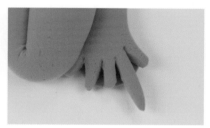

13 발가락 아래에 물방울을 붙여 물갈퀴를 표현해요.

14 몸통 뒷부분에 뒷다리를 붙여요.

15 밝은연두색을 10번처럼 준비한 다음, 동그란 부분은 가위로 잘라서 앞발가락을 만들어요.

16 손잡이 가운데를 구부려서 앞다리를 표현해요.

17 몸통 앞부분에 앞다리를 붙여요.

18 어두운노란색을 군데군데 붙여서 무늬를 표현해요.

19 밝은황토색 원형을 붙여서 고막을 표현해요.

20 밝은황토색을 크고 작게 붙여서 무늬를 표현해요.

21 검은색 파스텔로 고막 위쪽에 무늬를 그려서 입체감 있게 개구리를 완성합니다.

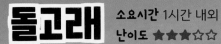
돌고래

소요시간 1시간 내외
난이도 ★★★☆☆

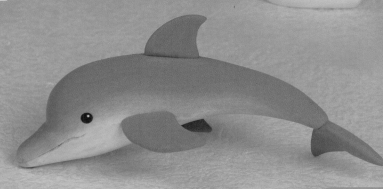

준비물 칼 도구, 도트봉, 밀대

클레이 색상 ⚪ 흰색　🔘 회색(흰9+검1)
　　　　　　⚪ 밝은회색(흰9.7+검0.3)
　　　　　　⚫ 검은색

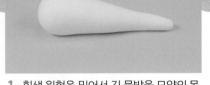

1 흰색 원형을 밀어서 긴 물방울 모양의 몸통 심재를 준비해요.

회색과 밝은회색을 3:1 비율로 준비해요.

2 회색과 밝은회색을 커버 그라데이션 기법(11p)으로 섞어서 몸통 외피를 준비해요.

3 몸통 심재를 몸통 외피로 감싸서 몸통을 만들어요.

콧잔등은 오목하게 만들어요.

4 주둥이 부분을 뾰족하게 매만져요.

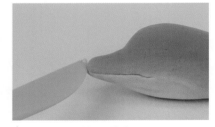

5 칼 도구로 입을 표현해요.

눈 붙일 자리를 먼저 도트봉으로 눌러 홈을 내요.

6 검은색과 흰색 원형을 차례로 붙여서 반짝이는 눈을 표현해요.

1개는 살짝 작게 만들어요.

7 회색 원형을 서로 다른 크기로 3개 준비해요.

8 물방울 모양으로 만들어요.

9 물방울 모양을 납작하게 누른 다음, 지느러미 모양으로 다듬어요.

34

10 작은 것은 등지느러미로, 나머지 2개는 가슴지느러미로 붙여요.

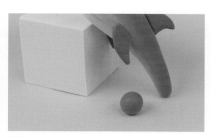

11 회색 원형을 준비해요.

12 양쪽 물방울로 만들어요.

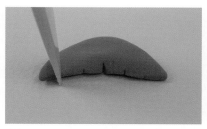

13 살짝 구부려 납작하게 누른 다음, 칼 도구로 자국을 내어 꼬리지느러미를 만들어요.

14 몸통 끝에 꼬리지느러미를 붙여서 돌고래를 완성합니다.

범고래

소요시간 1시간 내외
난이도 ★★★☆☆

준비물 칼 도구, 도트봉, 아크릴판, 가위

클레이 색상 ● 검은색   ○ 흰색
● 회색(흰9+검1)

1 검은색 원형을 밀어서 물방울 모양으로 만들어요.

2 주둥이 부분은 뾰족하게, 눈 부분은 오목하게 매만져요.

3 주둥이를 가위로 반을 갈라서 입을 만들고, 크게 벌려 놓아요.

턱 안쪽을 얇게 붙여야 좋으니, 두꺼울 경우에는 쭉 늘려서 끊어 붙여요.

4 흰색 물방울 모양을 아크릴판으로 납작하게 눌러서 준비해요.

5 물방울의 뾰족한 부분을 배 쪽에서부터 붙여서 턱 안쪽에서 마무리해 붙여요.

6 주둥이를 다물어 붙여요.

꼬리 쪽을 위로 구부려요.

반대편도 똑같이 해 주세요!

7 흰색 타원형을 납작하게 눌러요.

8 배의 흰 부분 아래로 이어 붙여서 무늬를 표현해요.

9 흰색 납작한 타원형을 머리 양쪽에 붙여요.

10 도트봉으로 눌러 홈을 낸 다음, 회색 원형을 넣어 붙여서 눈을 표현해요.

11 검은색과 흰색 원형을 차례로 붙여서 빛나는 눈동자를 표현해요.

하나는 작게 만들어요.

12 검은색 물방울 모양 3개를 준비해요.

13 물방울을 살짝 구부리고 납작하게 눌러서 지느러미 모양을 만들어요.

14 작은 것은 등지느러미로, 큰 것 2개는 가슴지느러미로 붙여요.

15 검은색 원형을 준비해요.

16 양쪽 물방울로 만들어요.

17 살짝 구부려 납작하게 누른 다음, 칼 도구로 자국을 내어 꼬리지느러미를 만들어요.

18 몸통 끝에 꼬리지느러미를 수평 방향으로 붙여서 범고래를 완성합니다.

혹등고래

소요시간 1시간 내외
난이도 ★★★☆☆

준비물 칼 도구, 도트봉, 밀대
클레이 색상 ⚪ 흰회색(흰9.9+검0.1)
⚫ 검회색(검9+흰1)

검회색과 흰회색을 3:1 비율로 준비해요.

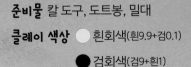 

몸통 외피를 만들 재료이니 넉넉하게 준비해 주세요.

1 흰회색 원형을 밀어서 긴 물방울 모양의 몸통 심재를 준비해요.

2 검회색 위에 흰회색을 붙여서 준비해요.

3 그라데이션 기법(10p)으로 2를 섞어서 원형을 만들어요.

  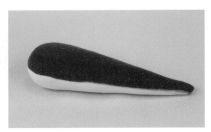

4 그라데이션 원을 길게 밀고, 아래쪽에 흰 회색 긴 타원형을 이어 붙여요.

5 밀대로 얇게 밀어서 몸통 외피를 준비해 요.

6 몸통 심재를 몸통 외피로 감싸서 몸통을 준비해요.

칼 도구에 오일을 바르면 깔끔하게 그을 수 있어요.

7 뭉툭한 부분을 뾰족하게 매만져서 주둥 이를 표현해요.

8 칼 도구로 길게 그어서 배의 무늬를 표현 해요.

9 칼 도구로 입을 표현해요.

38

10 몸통 양쪽 끝을 위로 살짝 구부려서 휘게 해요.

눈 붙일 자리를 먼저 도트봉으로 눌러 홈을 내요.

11 검회색과 흰회색 원형을 차례로 붙여서 빛나는 눈동자를 표현해요.

12 검회색 작은 원형을 주둥이에 여러 개 붙여서 따개비를 표현해요.

구멍을 2개 만들어요

13 머리 위에 도트봉으로 분수공을 표현하고, 가슴지느러미 자리에 홈을 내요.

14 등 위로 검회색 작은 삼각형 모양의 등지느러미를 붙여요.

15 앞에서와 마찬가지로 그라데이션 원형 2개를 준비해요.

16 양쪽 물방울 모양으로 만든 다음 눌러서 가슴지느러미를 만들어요.

17 가슴지느러미가 접히는 부분을 칼 도구로 누르고, 검회색 작은 원형을 붙여서 따개비를 표현해요.

18 가슴지느러미를 홈에 넣어 붙여요.

19 그라데이션 원형을 하나 더 준비해 양쪽 물방울을 만들어요.

20 살짝 구부려 납작하게 누른 다음, 칼 도구로 자국을 내어 꼬리지느러미를 만들어요.

21 몸통 끝에 꼬리지느러미를 수평 방향으로 붙여서 혹등고래를 완성합니다.

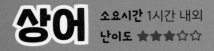

상어

소요시간 1시간 내외
난이도 ★★★☆☆

준비물 송곳, 도트봉, 밀대, 아크릴판, 가위

클레이 색상 회색(흰9+검1)　　흰회색(흰9.9+검0.1)

● 검은색　　분홍색(흰8.5+빨1.5)

1 회색 원형을 밀어서 긴 양쪽 물방울 모양의 몸통 심재를 준비해요.

회색과 흰회색을 2:1 비율로 준비해요.

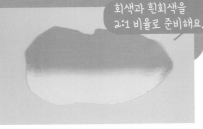

2 회색과 흰회색을 커버 그라데이션 기법(11p)으로 섞어서 몸통 외피를 준비해요.

주둥이 부분은 도톰하게, 꼬리 부분은 뾰족하게 만들어요.

3 몸통 심재를 몸통 외피로 감싸서 몸통을 만들어요.

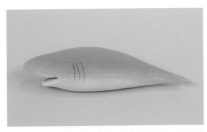

4 몸통 앞부분을 가위로 살짝 잘라 다듬어서 입을 만들고, 송곳으로 그어 아가미를 표현해요.

눈 붙일 자리를 먼저 도트봉으로 눌러 홈을 내요.

5 입 위로 검은색 원형을 붙여 눈을 표현해요.

6 분홍색 타원형 2개를 아크릴판으로 납작하게 눌러서 준비해요.

바깥에서 안쪽 방향으로 붙여 주세요.

7 입 안쪽 위아래에 붙여요.

물방울을 납작하게 누르고 동그란 부분을 가위로 잘라내면 삼각형이 만들어져요.

8 흰회색으로 작은 삼각형 모양을 만들어 붙여서 이빨을 표현해요.

9 회색 원형 3개를 준비해 물방울 모양으로 만들어요.

10 물방울을 납작하게 눌러 지느러미 모양
으로 매만져요.

11 몸통 양옆과 위에 붙여서 등지느러미와
가슴지느러미를 표현해요.

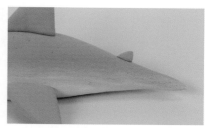

12 회색 작은 삼각형으로 뒤쪽 등지느러
미를 표현해요.

13 회색 원형을 준비해요.

14 양쪽 물방울 모양의 몸통 심재를 준비
해요.

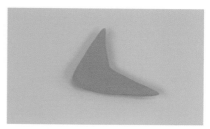

15 살짝 구부리고 납작하게 눌러서 꼬리지
느러미를 준비해요.

16 몸통 끝을 가위를 이용해 세로 방향으
로 갈라요.

17 가위로 자른 틈에 꼬리지느러미를 넣
어 붙여서 상어를 완성합니다.

물개

소요시간 1시간 내외
난이도 ★★★★★

준비물 칼 도구, 송곳, 도트봉, 가위, 낚싯줄
클레이 색상 ● 흑갈색(노3.5+빨3.5+검3) ● 검은색 ○ 흰색
○ 밝은베이지색(흰9.5+베이지*0.5) * 베이지색(흰9.5+노0.2+빨0.2+검0.1)

> 밝은베이지색과 흑갈색을
> 3:1 비율로 준비해요.

1 밝은베이지색 위에 흑갈색을 붙여서 준비해요.

2 그라데이션 기법(10p)으로 1을 섞은 다음, 물방울 모양의 몸통을 만들어요.

3 뭉툭한 부분을 오목하게 매만져서 목 부분을 표현해요.

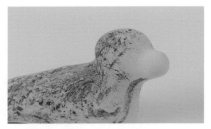

4 엄지와 검지로 굴려서 주둥이 부분을 뾰족하게 만들어요.

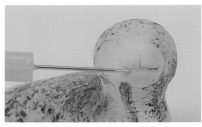

5 송곳으로 주둥이 라인을 표현해요.

6 검은색으로 하트 모양을 만들어 붙여서 코를 표현해요.

> 눈 붙일 자리를 먼저
> 도트봉으로 눌러 홈을 내요.

7 검은색 원형과 흰색 작은 원형을 차례로 붙여서 반짝이는 눈을 표현해요.

8 도트봉으로 눌러서 앞다리를 붙일 홈을 만들어요.

9 몸통과 같은 색으로 그라데이션 원형을 2개 준비해요.

10 물방울 모양으로 만들어요.

11 납작하게 누르고 살짝 구부려서 앞다리를 만들어요.

12 칼 도구로 자국을 내서 발가락을 표현해요.

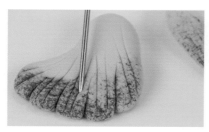

13 송곳으로 발가락 사이사이를 그어서 자잘한 주름을 표현해요.

14 몸통의 홈 안에 앞다리를 넣어 붙여요.

하나는 작게 만들어요.

15 몸통과 같은 색으로 그라데이션 원형을 3개 준비해요.

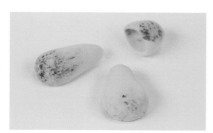

16 작은 원형은 둥글게 홈을 만들고, 나머지 2개는 물방울 모양으로 만들어요.

17 물방울 모양은 납작하게 누르고 송곳으로 그어서 뒷다리를 만들어요.

18 홈 안에 준비한 뒷다리를 넣어 붙여요.

19 몸통 뒤쪽에 뒷다리를 붙여요.

탄성이 없는 낚싯줄을 사용하면 좋아요.

20 낚싯줄을 꽂아 수염을 표현하면 물개가 완성됩니다.

바다거북

소요시간 2시간 내외
난이도 ★★★★☆

준비물 송곳, 도트봉, 가위, 붓과 파스텔, 아크릴 물감

클레이 색상 ⚪ 밝은베이지색(흰9.5+베이지*0.5)

     * 베이지색(흰9.5+노0.2+빨0.2+검0.1)

⚫ 검은색   ⚪ 흰색

🔴 밝은황토색(흰7+황토*3) * 황토색(노8.5+빨1.2+검0.3)

1 밝은베이지색 원형을 준비해요.

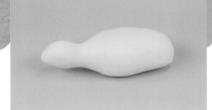

2 원형을 길게 밀어 목을 오목하게 하고 배는 납작하게 눌러서 몸통을 만들어요.

3 코 부분을 뽀족하게 다듬고, 송곳으로 입과 목 부분의 주름을 표현해요.

4 몸통을 뒤집어 놓고 배 부분에 송곳으로 무늬를 새겨요.

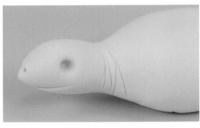

5 송곳으로 콧구멍을 표시하고, 눈 붙일 자리를 도트봉으로 눌러 홈을 내요.

6 홈에 검은색 원형을 넣어 붙여서 눈을 표현해요.

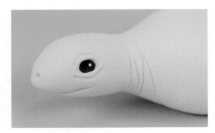

7 흰색으로 눈에 반짝임을 주고, 밝은베이지색 양쪽 물방울을 눈 위아래로 붙여 눈꺼풀을 표현해요.

8 다리 붙일 자리를 도트봉으로 눌러 홈을 내요.

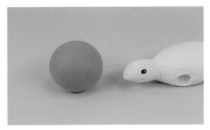

9 밝은황토색 원형을 준비해요.

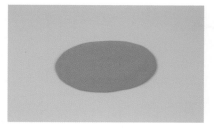

10 타원형으로 밀고 납작하게 누른 다음, 아래쪽을 평평하게 다듬어요.

11 목 부분을 V자로 오려서 등껍질을 준비해요.

등껍질의 가장자리를 손가락으로 꼬집듯 매만져 좀 더 얇게 만들어 주세요.

12 송곳으로 등껍질의 경계 안쪽을 따라 그은 후, 몸통 위에 붙여요.

송곳에 오일을 바르면 깔끔하게 그을 수 있어요.

13 송곳으로 그어서 등껍질의 무늬를 표현해요.

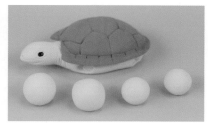

14 밝은베이지색 원형을 서로 다른 크기로 2쌍 준비해요.

15 양쪽 물방울 모양으로 만든 다음, 납작하게 누르고 다듬어서 다리를 만들어요.

16 몸통의 홈 안에 다리를 넣어 붙여요.

17 아크릴 물감으로 피부를 표현해요.

18 흰색 파스텔을 등껍질에 칠해서 입체감 있게 표현해요.

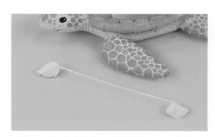

19 밝은베이지색 클레이를 쭉 늘려 긴 줄을 만들어요.

20 긴 줄을 등껍질 무늬의 오목한 곳에 채워요.

21 긴 줄을 전부 채워서 바다거북을 완성합니다.

바다코끼리

소요시간 2시간 내외
난이도 ★★★★☆

준비물 칼 도구, 송곳, 도트봉, 붓과 파스텔

클레이 색상 ● 고동색(노5+빨3+검2) ● 검은색
○ 흰색 ○ 우유색(흰9.9+노0.1)
○ 베이지색(흰9.5+노0.2+빨0.2+검0.1)

1 고동색 원형을 밀어서 물방울 모양으로 만들어요.

2 뭉툭한 부분을 오목하게 매만져서 목 부분을 표현해요.

3 머리를 매만져서 몸통 측면으로 돌려요.

> 송곳에 오일을 바르면 깔끔하게 그을 수 있어요.

4 송곳으로 그어서 몸의 주름을 표현해요.

5 앞다리 붙일 자리를 도트봉으로 눌러 홈을 내요.

> 도트봉에 오일을 살짝 바르면 깔끔하게 표현돼요.

6 입 부분을 도트봉으로 오목하게 다듬고, 주둥이 부분을 도드라지게 매만져요.

7 눈 붙일 자리를 도트봉으로 눌러 홈을 내고, 송곳으로 콧구멍도 표현해요.

8 검은색과 흰색 원형을 차례로 붙여서 빛나는 눈동자를 표현해요.

9 우유색 원형 2개를 밀어서 긴 물방울 모양의 엄니를 준비해요.

10 엄니 붙일 자리를 도트봉으로 눌러 홈을 만든 다음, 엄니를 넣어 붙여요.

11 베이지색으로 얇고 짧은 줄을 만든 다음, 송곳을 사용해 수직으로 찔러 넣어서 수염을 표현해요.

12 고동색 원형을 2개 준비해요.

13 물방울 모양으로 밀어서 살짝 구부린 다음, 납작하게 누르고 다듬어서 앞다리를 만들어요.

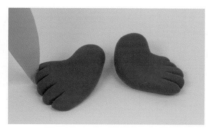

14 칼 도구로 눌러서 발가락을 표현해요.

15 몸통의 홈에 앞다리를 붙인 다음, 송곳으로 그어 자잘한 주름을 표현해요.

하나는 작게 만들어요.

16 고동색 원형을 3개 준비해요.

17 큰 원형은 물방울 모양을 만들어 납작하게 누르고, 작은 원형은 오목하게 홈을 내요.

18 홈 안에 물방울을 넣어 붙이고, 칼 도구로 자국을 내어 발가락을 표현해요.

19 송곳으로 그어 자잘한 주름을 표현해요.

20 몸통 끝에 붙여서 뒷다리를 표현해요.

21 아이보리색과 진한고동색 파스텔을 칠해 입체감 있게 바다코끼리를 완성합니다.

47

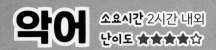

악어

소요시간 2시간 내외
난이도 ★★★★☆

준비물 칼 도구, 송곳, 도트봉, 밀대, 아크릴판, 가위, 붓과 파스텔, 빨대

클레이 색상 ● 고동색(노5+빨3+검2)   ○ 베이지색(흰9.5+노0.2+빨0.2+검0.1)
치자색(흰5+노4.9+빨0.1)   ● 검은색

1 고동색 원형을 밀어서 긴 물방울 모양의 몸통 심재를 준비해요.

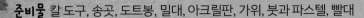

고동색과 베이지색을 3:1 비율로 준비해요.

2 고동색과 베이지색을 커버 그라데이션 기법(11p)으로 섞어서 몸통 외피를 준비해요.

3 몸통 심재를 몸통 외피로 감싸서 몸통을 만들어요.

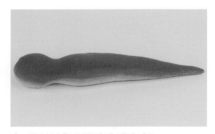

4 목 부분을 오목하게 매만져요.

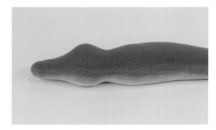

5 엄지와 검지로 굴려서 주둥이 부분을 뾰족하게 만들어요.

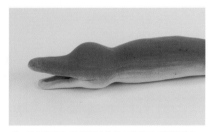

6 주둥이를 가위로 반을 가르고 매만져요.

7 송곳으로 콧구멍을 찍고, 칼 도구로 등에 격자무늬를 표현하고, 작은 빨대로 머리와 배에 비늘을 표현해요.

도트봉을 위로 밀어 올려 튀어나온 눈꺼풀을 표현해요.

8 눈 붙일 자리를 도트봉으로 눌러 홈을 내요.

9 치자색 원형을 홈에 붙인 다음, 검은색 양쪽 물방울을 붙여서 긴 동공을 표현해요.

48

아크릴판으로 누르면 더욱 균일하고 납작하게 만들 수 있어요.

10 베이지색 물방울 모양을 아주 납작하게 눌러요.

바깥부터 붙이기 시작해 안쪽에서 마무리해요.

11 입 아래쪽에 넣어 붙여요.

12 이빨 붙을 자리를 도트봉으로 눌러 홈을 내요.

물방울의 동그란 부분을 홈 안에 넣어 붙여요.

13 베이지색 작은 물방울을 만들어 납작하게 누른 다음, 12의 홈에 붙여서 이빨을 표현해요.

한 쌍은 살짝 작게 만들어요.

14 고동색 원형을 서로 다른 크기로 2쌍 준비해요.

15 마이크 모양으로 만든 다음, 동그란 부분을 납작하게 눌러요.

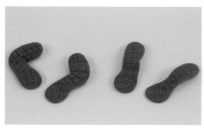

16 다리 모양으로 구부린 다음, 칼 도구로 격자무늬를 내어 피부를 표현해요.

17 동그란 부분을 가위로 잘라 내 발가락을 표현해요.

18 몸통에 도트봉으로 홈을 낸 다음, 다리를 넣어 붙여요.

19 고동색 작은 원형을 손가락으로 꼬집어서, 등의 격자 칸마다 붙여요.

20 주둥이 위쪽에도 작은 원형을 군데군데 붙여요.

21 고동색 파스텔로 콧구멍 안쪽과 격자를 칠하여 입체감 있게 악어를 완성합니다.

수달 소요시간 1시간 30분 내외
난이도 ★★★★☆

준비물 송곳, 아크릴판, 도트봉, 아크릴판, 가위, 붓과 파스텔, 낚싯줄

클레이 색상
- 고동색(노5+빨3+검2)
- 연미색(흰 9.7+노0.3)
- 검은색
- 흰색
- 밝은황토색(흰7+황토*3) * 황토색(노8.5+빨1.2+검0.3)

1 고동색 원형을 손가락으로 매만져서 주둥이 부분을 뾰족하게 만들어요.

2 연미색 원형을 준비해요.

아크릴판으로 누르면 더욱 균일하고 납작하게 만들 수 있어요.

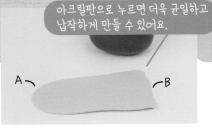

3 타원형을 만들어 납작하게 누르고 한쪽 (B 부분)을 반듯하게 잘라요.

4 A 부분을 주둥이에 맞추고 턱 아래로 감싸듯 붙여요.

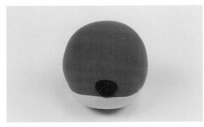

5 얼굴 정면에 검은색 삼각형을 만들어 붙여 코를 표현해요.

6 송곳으로 눌러 콧구멍을 만들고, 송곳으로 그어 주둥이 라인을 표현해요.

눈 붙일 자리를 먼저 도트봉으로 눌러 홈을 내요.

7 검은색과 흰색 원형을 차례로 붙여서 빛나는 눈동자를 표현해요.

8 고동색 물방울 모양을 살짝 눌러 귀를 준비해요.

9 귀 안쪽을 도트봉으로 굴려 오목하게 만든 다음, 머리에 붙여요.

탄성이 없는 낚싯줄을 사용하면 좋아요.

10 진갈색 파스텔을 주둥이 라인에 칠하고, 낚싯줄을 꽂아 수염을 표현해요.

11 고동색 원형을 머리보다 크게 준비해요.

12 긴 물방울 모양의 몸통을 만들어 세워요.

13 연미색 긴 물방울 모양을 준비해요.

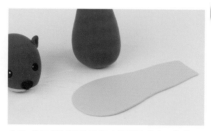

14 연미색 물방울을 납작하게 눌러서 배 무늬를 만들어요.

남는 부분은 몸통 위쪽에서 잘라 마무리해요.

15 배 무늬의 동그란 부분이 몸통 아래쪽에 오도록 세로로 붙인 다음 살짝 구부려 엉덩이가 나오게 만들어요.

16 고동색 원형을 2개 준비해요.

17 긴 물방울 모양을 만든 다음 뾰족한 부분을 구부려서 다리를 표현해요.

물갈퀴로 표현될 부분이니 가로로 꼬집듯 눌러요.

몸통에 맞닿아 붙을 허벅지 부분은 평평하게 만들어요.

18 물방울의 뭉툭한 부분과 발을 납작하게 누른 다음, 고동색 작은 타원형을 준비해요.

19 다리 끝에 작은 타원형을 5개씩 붙여서 발가락을 만들어요.

20 몸통 양쪽에 뒷다리를 붙여요.

21 고동색 긴 물방울 모양의 꼬리를 준비해요.

22 몸통 뒤쪽에 꼬리를 붙여요.

23 몸통에 머리를 붙여요.

24 고동색 원형을 2개 준비해요.

25 한쪽이 살짝 얇게 타원형을 만든 다음, 얇은 쪽은 납작하게 꼬집고 두꺼운 쪽 도 살짝 눌러요.

26 납작하게 꼬집은 부분에 고동색 작은 타원형을 5개씩 붙여서 앞다리를 만들 어요.

다리 사이로 가리비를 넣어야 하니 붙지 않게 해요.

27 몸통 위쪽에 앞다리를 붙여요.

28 밝은황토색 원형을 준비해요.

29 삼각형으로 만든 다음, 한쪽 면은 평평 하게 매만져요.

30 송곳으로 눌러 조개껍데기의 무늬를 표현해요.

뾰족한 부분을 얹어 붙여요.

31 밝은황토색으로 납작한 직사각형을 만 든 다음, 그 위에 조개껍데기를 붙여서 가리비를 만들어요.

32 진갈색 파스텔로 무늬 안쪽을 칠하고 가로로 줄무늬도 그려요.

33 앞다리 사이에 가리비를 넣어 수달을 완성합니다.

소요시간 1시간 30분 내외
난이도 ★★★★☆ **하마**

준비물 칼 도구, 송곳, 도트봉, 아크릴판, 가위, 붓과 파스텔

클레이 색상 ● 팥색(빨4+흰3+파3)
　　　　　　○ 파스텔분홍색(흰9.5+빨0.4+노0.1)
　　● 검은색　　○ 흰색　　○ 연미색(흰9.7+노0.3)

1　팥색 원형을 밀어서 타원형을 만들어요.

2　한쪽을 가위로 잘라서 벌려진 입을 표현해요.

3　입을 더 넓고 크게 다듬고, 안쪽 면도 평평하게 매만져요.

> 이쪽을 눌러 주세요.

4　눈 부분을 오목하게 눌러요.

> 파스텔분홍색에 팥색을 9.9:0.1 비율로 섞으면 색감이 정돈되어 더 예뻐요.

5　파스텔분홍색 타원형을 준비해요.

> 아크릴판으로 누르면 더욱 균일하고 납작하게 만들 수 있어요.

6　타원형을 납작하게 눌러요.

> 바깥부터 붙이기 시작해 안쪽에서 마무리해요.

7　입천장에 맞게 잘라서 붙여요.

8　같은 방법으로 아래쪽도 붙인 다음, 연결되는 부분을 자연스럽게 다듬어요.

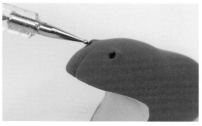

9　칼 도구로 자국을 내 인중을 표현하고, 도트봉으로 눌러서 콧구멍도 표현해요.

53

10 팥색 물방울 2개를 준비해 납작하게 눌러요.

경계에 물을 소량 묻혀 문질러서 자연스럽게 만들어요.

11 물방울의 뭉툭한 부분이 위로 가게 붙여서 눈두덩이를 만들어요.

12 검은색 원형을 납작하게 눌러 붙여서 동공을 표현해요.

13 팥색으로 양쪽 물방울 모양을 준비해요.

14 동공 위아래로 붙여서 눈꺼풀을 표현해요.

15 주둥이 위쪽을 송곳으로 찔러서 털구멍을 표현해요.

바깥쪽 2개는 크게 안쪽 2개는 작게 해요.

16 입 안쪽을 도트봉으로 눌러 홈을 4개 내요.

17 연미색 물방울 모양을 서로 다른 크기로 2쌍 만들어요.

18 동그란 부분을 홈 안에 넣어 붙이고 살짝 구부려서 이빨을 표현해요.

19 팥색으로 물방울 모양을 2개 준비해요.

도트봉에 오일을 살짝 바르면 깔끔하게 표현돼요.

20 납작하게 누르고 안쪽을 도트봉으로 굴려 오목하게 만든 다음, 뾰족한 부분을 모아 접어서 귀를 만들어요.

21 귀의 뾰족한 부분을 살짝 잘라 낸 다음, 머리에 귀를 붙여요.

22 흰색 원형을 동공 위에 붙여서 반짝이는 눈동자를 표현해요.

23 팥색 원형을 머리보다 크게 준비해요.

머리를 붙일 수 있도록 면을 만드는 거예요!

24 타원형으로 만든 다음, 윗부분이 사선이 되도록 손가락으로 평평하게 꼬집어 몸통을 만들어요.

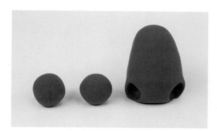

25 다리 붙일 자리를 도트봉으로 눌러 홈을 내고, 팥색 원형을 2개 준비해요.

26 타원형으로 만든 다음 한쪽 면을 납작하게 만들어서 발바닥을 표현해요.

27 둥근 부분을 홈 안에 넣어 붙여서 뒷다리를 표현해요.

28 송곳으로 발끝과 무릎, 몸통과의 연결 부분을 그어서 주름을 표현해요.

29 몸통 위에 머리를 붙여요.

30 마찬가지로 몸통에 홈을 만들고 앞다리를 준비해요.

31 앞다리를 살짝 구부려 홈 안에 넣어 붙인 다음, 송곳으로 주름을 표현해요.

긴 물방울 모양을 준비해요.

32 팥색으로 꼬리를 붙이고, 자주색 파스텔을 발끝과 주름, 머리 곳곳에 칠해서 입체적으로 표현해요.

33 입 안쪽에도 자주색 파스텔을 칠해서 하마를 완성합니다.

PART 2
농장에 사는 동물

병아리

소요시간 1시간 내외
난이도 ★★★☆☆

준비물 칼 도구, 도트봉, 가위, 붓과 파스텔, 얇은 이쑤시개

클레이 색상 ○ 파스텔노란색(흰9.5+노0.5)　　○ 연주황색(노9.5+빨0.5)
● 검은색　　○ 흰색

1 파스텔노란색 원형을 밀어서 끝이 뾰족하지 않은 물방울 모양으로 만들어요.

2 끝부분을 살짝 구부려 머리와 몸통을 표현해요.

밀착시킬 부분
봉긋해질 부분

3 머리와 몸통을 더 밀착시키고, 턱과 배를 살짝 눌러 가슴이 봉긋해지게 해요.

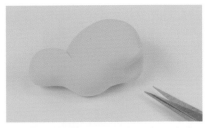

4 몸통 아래쪽을 가위로 잘라서 두 갈래로 나눠요.

5 나뉜 부분을 아래로 잡아당기며 매만져 허벅지를 만들어요.

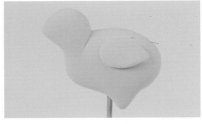

6 파스텔노란색으로 납작한 물방울 모양을 만들어 몸통 양옆에 붙여서 날개를 표현해요.

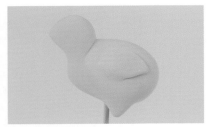

7 날개 붙인 경계에 물을 묻혀 문질러서 자연스럽게 만들어요.

8 가위 끝으로 군데군데 가위집을 잘게 넣어서 깃털을 표현해요.

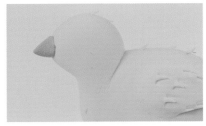

9 연주황색으로 원뿔 모양의 부리를 만들어 머리에 붙이고, 칼 도구로 자국 내요.

58

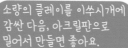
눈 붙일 자리를 먼저
도트봉으로 눌러 홈을 내요.

10 검은색과 흰색 원형을 차례로 붙여서 빛
나는 눈동자를 표현해요.

소량의 클레이를 이쑤시개에
감싼 다음, 아크릴판으로
밀어서 만들면 좋아요.

11 얇은 이쑤시개에 연주황색을 씌워 붙이
고 칼 도구로 자국 내 발목을 준비해요.

이쑤시개를 몸통에 꽂을 수
있도록 한쪽은 클레이를
씌우지 않고 남겨요.

뒤쪽에 있는
발가락 하나는
짧아요.

12 연주황색 타원형을 4개씩 붙이고 칼 도
구로 자국 내 발가락을 표현해요.

13 허벅지 부분에 홈을 내어 다리를 넣어
붙인 다음, 아이보리색 파스텔을 칠해
서 병아리를 완성합니다.

오리

소요시간 1시간 내외
난이도 ★★★☆☆

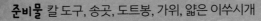

준비물 칼 도구, 송곳, 도트봉, 가위, 얇은 이쑤시개

클레이 색상 ⚪ 흰색　⚪ 진노란색(노9.8+빨0.2)　⚪ 귤색(노9+빨1)　⚫ 검은색

1 흰색 양쪽 물방울을 한쪽 끝이 더 뾰족하게 만들어요.

2 뭉툭한 부분을 좀 더 길게 만들고, 양쪽 끝을 위로 꺾어 목과 꼬리를 표현해요.

3 목 끝부분을 앞으로 구부려 머리를 표현해요.

4 몸통 양쪽에 가위집을 낸 다음, 손으로 매만져서 날개 모양으로 만들어요.

5 날개 가장자리에 가위집을 얇게 내서 깃털을 표현해요.

6 진노란색 원형을 준비해요.

7 끝이 뭉툭한 물방울 모양으로 만들어요.

8 동그란 부분을 평평하게 한 다음, 양옆을 마름모처럼 뾰족하게 꼬집어 부리를 표현해요.

9 머리에 부리를 붙여요.

60

10 칼 도구로 자국을 내 입을 표현해요.

눈 붙일 자리를 먼저 도트봉으로 눌러 홈을 내요.

송곳으로 눌러 콧구멍도 표시해요.

11 검은색과 흰색 원형을 차례로 붙여서 빛나는 눈동자를 표현해요.

이쑤시개를 몸통에 꽂을 수 있도록 한쪽은 클레이를 씌우지 않고 남겨요.

12 이쑤시개에 귤색을 씌워 붙이고 칼 도구로 자국 내 발목을 준비해요.

가운데 발가락이 될 원형은 살짝 크게 준비해요.

13 귤색으로 납작한 물방울 2개와 서로 다른 크기의 원형을 6개 준비해요.

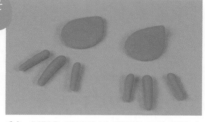

14 원형을 밀어서 긴 타원형 모양의 발가락을 만들어요.

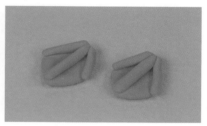

15 긴 발가락을 물방울 가운데 붙이고 양 옆으로 짧은 발가락을 붙여서 물갈퀴가 있는 발을 표현해요.

16 칼 도구로 자국을 내 피부를 표현해요.

17 발 위에 발목을 붙여서 다리를 만들어요.

18 몸통 아래에 다리를 꽂아서 오리를 완성합니다.

타조

소요시간 2시간 내외
난이도 ★★★★★

준비물 칼 도구, 도트봉, 아크릴판, 가위, 붓과 파스텔, 철사

클레이 색상 ● 회색(흰9+검1)   ● 흑갈색(노3.5+빨3.5+검3)   ○ 분홍색(흰8.5+빨1.5)
○ 흰회색(흰9.9+검0.1)   ● 검은색   ○ 흰색

1 회색과 흑갈색 원형을 서로 다른 크기로 준비해요.

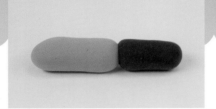

2 타원형으로 만들어 서로 이어 붙여요.

3 손바닥으로 길게 밀어주고 회색 끝을 동그랗게 만들어 머리를 표현해요.

4 두 색의 경계면을 도트봉으로 밀 듯이 그어 잔털을 표현해요.

5 둥근 부분을 납작하게 눌러 이마를 표현해요.

6 회색 반구를 2개 만들어 양쪽 볼에 붙여요.

7 볼을 붙인 경계에 물을 묻혀 문질러서 자연스럽게 만들어요.

8 분홍색 물방울 모양을 준비해요.

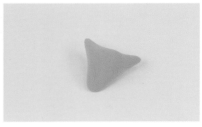

9 물방울의 뭉툭한 부분을 평평하게 만든 후 양쪽으로 길게 잡아당기고, 뾰족한 부분도 매만져 부리를 표현해요.

7번 과정에서 바른 물이 다 마른 후 붙여요.

10 머리 앞쪽에 부리를 붙여요.

11 칼 도구로 자국 내 입을 표현해요.

12 도트봉으로 눌러 콧구멍을 표현하고, 눈 붙일 자리도 도트봉으로 눌러서 홈을 내요.

13 검은색과 흰색 원형을 차례로 붙여서 빛나는 눈동자를 표현해요.

14 정수리 쪽에 얇게 가위집을 내 잔털을 표현해요.

15 회색 원형을 납작하게 누르고 작게 잘라 붙여서 눈꺼풀을 표현해요.

16 회색을 뾰족하게 민 다음, 눈가에 붙여 속눈썹을 표현해요.

17 목을 살짝 구부려 놓고 흑갈색 원형을 준비해요.

18 물방울 모양으로 빚어 몸통을 만들어요.

19 몸통의 뭉툭한 부분에 홈을 만들고, 홈 안에 목을 넣어 붙여요.

아크릴판으로 누르면 더욱 균일하고 납작하게 만들 수 있어요.

20 흑갈색 긴 물방울 모양을 납작하게 눌러 깃털을 여러 개 만들어요.

21 깃털의 뾰족한 부분이 등에 오도록 하여 몸통 양쪽에 붙여요.

22 몸통 앞쪽에도 깃털을 붙여요.

23 흑갈색 원형을 준비해요.

24 물방울 모양으로 빚고 한쪽 면을 편평하게 매만져 날개 심재를 만들어요.

25 흰회색과 흑갈색으로 깃털을 여러 개 만들어요.

26 날개 심재의 뾰족한 부분에 흰회색 깃털을 붙이고, 그 위로 흑갈색 깃털을 붙여서 날개를 만들어요.

반대쪽 날개는 먼저 만든 날개와 대칭이 되게 만들어요.

27 같은 방법으로 날개를 하나 더 만들어 몸통 양쪽에 붙여요.

28 흰회색 깃털을 만들어 꼬리 쪽에 축 늘어지게 붙여요.

29 아주 작은 깃털을 등 위에 붙여서 깃털이 뻗친듯한 느낌을 표현해요.

철사를 몸통에 꽂을 수 있도록 한쪽은 클레이를 씌우지 않고 남겨요.

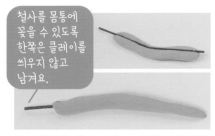

30 철사를 다리 모양으로 살짝 구부린 후 회색 클레이를 씌워요.

31 허벅지 부분에 회색 물방울 모양을 덧대고, 무릎 부분에 띠를 둘러요.

32 경계에 물을 소량 묻혀 문질러서 허벅지와 관절을 자연스럽게 만들어요.

33 정강이 뒷부분을 꼬집고 눌러서 근육을 표현하고, 칼 도구로 살짝 눌러 피부를 표현해요.

34 회색 타원형 모양 2개를 다리에 붙여서 발가락을 표현해요.

35 발톱 붙일 자리를 도트봉으로 눌러 홈을 내요.

36 흑갈색 작은 물방울 모양을 홈에 넣어서 발톱을 표현하고, 발가락에도 칼 도구로 자국을 내요.

37 같은 방법으로 다리를 하나 더 만들어요.

38 몸통 아래에 다리를 꽂아요.

39 고동색 파스텔을 군데군데 칠해서 입체감 있게 타조를 완성합니다.

수탉

소요시간 2시간 내외
난이도 ★★★★☆

준비물 칼 도구, 도트봉, 아크릴판, 가위, 붓과 파스텔, 얇은 이쑤시개

클레이 색상
- 진한국방색(국방*8+검2) * 국방색(노4.8+파3.2+검2)
- 진초록색(파5+노4.5+검0.5)
- 어두운백옥색(흰6+노2+파1.5+검0.5)
- 진다홍색(다홍*9.8+검0.2) * 다홍색(노6+빨4)
- 갈색(노7+빨2.5+검0.5)
- 진분홍색(흰7+빨3)
- 베이지색(흰9.5+노0.2+빨0.2+검0.1)
- 치자색(흰5+노4.9+빨0.1)
- 검은색
- 흰색

1 진한국방색 원형을 밀어서 양쪽 물방울로 만들어요.

2 물방울의 양쪽 끝을 위로 구부려요.

아크릴판으로 누르면 더욱 균일하고 납작하게 만들 수 있어요.

3 진초록색 긴 물방울을 납작하게 누른 다음, 칼 도구로 가운데를 눌러 깃털을 만들어요.

4 몸통 양옆에 깃털을 3개씩 붙여요.

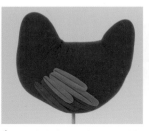

5 이어서 어두운백옥색 깃털을 3개씩 붙여요.

6 목 주위로 진다홍색 깃털을 10개씩 붙여요.

아래쪽에 먼저 붙인 후 위로 올라가며 겹쳐 붙여요.

7 갈색 깃털을 등에서 내려오게 10개씩 붙여요.

8 진초록색과 어두운백옥색 깃털을 더 붙여서 빈 곳을 채워요.

9 꽁지깃을 표현하기 위해 몸통 뒤쪽에 진한국방색 클레이를 덧대서 볼륨을 키워요.

10 진한국방색 깃털을 꽁지깃으로 풍성하게 붙여요.

11 마찬가지로 목 주위도 깃털을 둘러서 붙여요.

66

하나는 작게 만들어요.

12 베이지색 타원형을 서로 다른 크기로 4개 준비해요.

13 한쪽 끝을 모아 붙여서 발가락을 표현해요.

이쑤시개를 몸통에 꽂을 수 있도록 한쪽은 클레이를 씌우지 않고 남겨요.

14 이쑤시개에 베이지색을 씌워 붙여 발목을 준비해요.

15 발목에 발가락을 붙여 다리를 만든 다음, 칼 도구로 자국 내 피부를 표현해요.

16 갈색 원형을 준비해요.

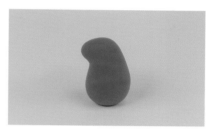

17 물방울 모양으로 만든 다음, 뾰족한 부분을 앞으로 살짝 구부려서 머리를 표현해요.

몸통을 넣어 붙일 거예요.

18 동그란 부분은 손가락으로 매만져 오목하게 만들어요.

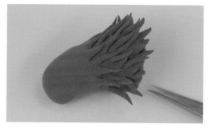

19 아래쪽에서부터 위로 가위집을 내 목의 깃털을 표현해요.

20 몸통의 목 부분을 적당한 길이로 잘라요.

21 몸통에 머리를 붙여요.

22 정수리 부분을 가위 끝으로 작게 가위집을 내 머리 깃털을 표현해요.

뾰족한 부분이 주둥이 쪽으로 오도록 붙여요.

23 진분홍색 물방울 2개를 납작하게 눌러서 머리 양쪽에 붙여요.

물방울의 뾰족한 부분이 위로
오도록 하여 세로로 붙여요.

24 진분홍색 작은 물방울을 덧대서 귓볼을 표현해요.

25 치자색 원뿔 모양의 부리를 만들어 붙여요.

26 칼 도구로 부리 가운데를 눌러요.

눈 붙일 자리를 먼저
도트봉으로 눌러 홈을 내요.

27 치자색, 검은색, 흰색 원형을 차례로 붙여서 빛나는 눈동자를 표현해요.

28 진분홍색 물방울 모양을 납작하게 누르고 반달 모양으로 오려서 볏을 준비해요.

29 머리에 볏을 붙이고, 납작한 물방울 모양을 부리 아래로 붙여서 고기 수염을 표현해요.

30 볏을 가위로 오려 뾰족한 모양으로 만들어요.

31 진갈색 파스텔을 부리와 몸 군데군데 칠해 입체감을 줘요.

32 몸통 아래에 다리를 꽂아요.

33 진한국방색 납작한 타원형을 준비해요.

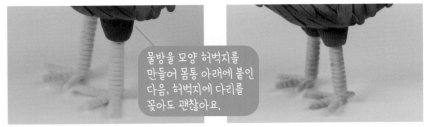

물방울 모양 허벅지를
만들어 몸통 아래에 붙인
다음, 허벅지에 다리를
꽂아도 괜찮아요.

34 몸통과 다리 경계면에 둘러 붙여서 허벅지를 표현해요.

35 다리에 갈색 파스텔을 칠해 입체감 있게 수탉을 완성합니다.

준비물 칼 도구, 송곳, 도트봉, 아크릴판, 가위, 붓과 파스텔

클레이 색상
- ○ 연분홍색(흰9.5+빨0.5)
- ○ 분홍색(흰8.5+빨1.5)
- ● 검은색
- ○ 흰색

1 연분홍색 원형을 매만져서 주둥이 부분을 봉긋하게 만들어요.

2 분홍색 삼각형을 납작하게 눌러 코를 준비해요.

3 주둥이에 코를 붙여요.

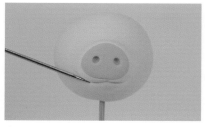

4 송곳으로 그어 입을 표현하고, 도트봉으로 눌러 콧구멍을 표현해요.

5 눈 붙일 자리를 도트봉으로 눌러 홈을 내요.

6 검은색과 흰색 원형을 차례로 붙여서 빛나는 눈동자를 표현해요.

> 눈 윗부분을 송곳으로 그어 쌍꺼풀을 표현해요.

7 분홍색을 뾰족하게 민 다음, 눈가에 붙여 속눈썹을 표현해요.

8 분홍색 파스텔을 입에 칠해요.

> 연분홍색 원형을 더 크게 만들어요.

9 연분홍색과 분홍색 원형을 서로 다른 크기로 2쌍 준비해요.

아크릴판으로 누르면 더욱 균일하고 납작하게 만들 수 있어요.

10 물방울 모양으로 만들어 납작하게 눌러요.

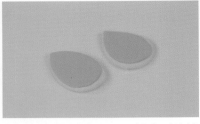

11 큰 물방울 위에 작은 물방울을 겹쳐 붙여서 귀를 준비해요.

도트봉에 오일을 묻히면 클레이가 밀리지 않아요.

12 안쪽을 도트봉으로 굴려 오목하게 만들어요.

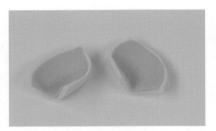

13 둥근 부분을 가위로 평평하게 잘라 내고 모서리를 안쪽으로 살짝 구부려요.

14 머리에 귀를 붙여요.

15 연분홍색 원형으로 몸통을 준비해요.

16 물방울 모양으로 만들어요.

17 뾰족한 부분을 가위로 잘라 두 갈래로 나눠요.

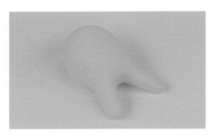

18 나누어진 부분을 손으로 다듬어 앞다리를 만들어요.

목이 될 부분은 뾰족하게 다듬어요.

19 동그란 부분을 바닥에 놓은 다음, 앞다리를 꺾어 몸통 끝까지 내려요.

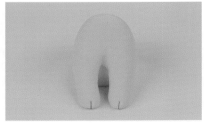

20 앞다리 끝부분에 칼 도구로 자국을 내 발굽을 표현해요.

하나는 작게 만들어요.

21 연분홍색 원형 3개를 준비해요.

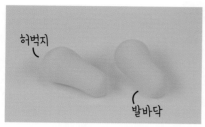

허벅지

발바닥

22 큰 원형은 통통한 마이크 모양으로 만들어 뒷다리를 준비해요.

허벅지의 평평한 부분이 몸통에 맞닿게 됩니다.

23 허벅지의 한쪽 면을 평평하게 만들고, 발바닥도 평평하게 만진 뒤 칼 도구로 눌러서 발굽을 표현해요.

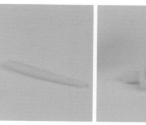

24 작은 원형은 끝이 뾰족하고 긴 물방울로 만든 다음, 꼬아서 꼬리를 준비해요.

25 몸통에 뒷다리와 꼬리를 붙여요.

26 발굽에 분홍색 파스텔을 칠해요.

27 몸통에 머리를 붙여 돼지를 완성합니다.

토끼

준비물 송곳, 도트봉, 아크릴판, 붓과 파스텔, 낚싯줄

클레이 색상 ○ 흰색　● 검은색

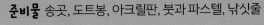

이쪽을 눌러 주세요.

1 흰색 원형으로 머리를 준비해요.

2 뭉툭한 물방울 모양으로 만들고 눈 부분을 살짝 눌러요.

3 송곳으로 그어 주둥이 라인을 표현하고, 라인 아래를 도트봉으로 살짝 눌러 입체적으로 만들어요.

눈이 살짝 돌출되면 귀여워요.

4 눈 붙일 자리를 도트봉으로 눌러 홈을 내요.

5 홈 안에 검은색 원형이 살짝 튀어나오게 넣어 붙여요.

6 흰색 원형을 붙여서 빛나는 눈동자를 표현하고, 코와 주둥이 라인에 분홍색 파스텔을 칠해요.

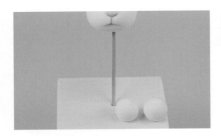

아크릴판으로 누르면 더욱 균일하고 납작하게 만들 수 있어요.

7 흰색 원형 2개를 준비해요.

8 물방울 모양으로 만들고 납작하게 눌러서 귀를 준비해요.

9 귀 안쪽에 분홍색 파스텔을 칠해요.

72

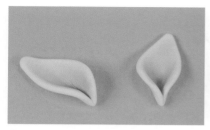

10 동그란 부분을 모아 접어요.

귀 안쪽의 분홍색이 정면에서 잘 보이게 붙여야 귀여워요.

11 머리에 귀를 붙여요.

탄성이 없는 낚싯줄을 사용하면 좋아요.

12 낚싯줄을 꽂아 수염을 표현해요.

13 흰색 큰 원형으로 몸통을 준비해요.

14 물방울 모양으로 만든 다음, 뾰족한 부분을 위로 꺾어 목을 표현해요.

엄지로 눌러요.

허벅지 부분

15 허벅지 부분을 제외한 나머지를 살짝 눌러서 허벅지를 봉긋하게 만들어요.

하나는 조금 크게 만들어요.

16 흰색 원형 5개를 준비해요.

앞다리 두개는 발등 부분을 볼록하게 만들어 주세요.

17 큰 원은 반구 모양의 꼬리를 만들고, 나머지는 타원형으로 다리를 만들어요.

18 꼬리와 다리를 붙여요.

19 몸통에 머리를 붙여서 토끼를 완성합니다.

생쥐

소요시간 1시간 내외
난이도 ★★★☆☆

준비물 송곳, 도트봉, 가위, 붓과 파스텔, 낚싯줄

클레이 색상
- 쥐색(흰9+검0.7+빨0.3)
- 파스텔분홍색(흰9.5+빨0.4+노0.1)
- 검은색
- 흰색
- 우유색(흰9.9+노0.1)

1 쥐색 원형을 매만져서 주둥이 부분을 봉긋하게 만들어요.

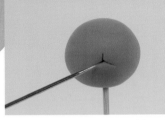

2 송곳으로 그어 주둥이 라인을 표현해요.

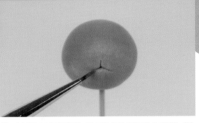

3 주둥이 전체에 아이보리색 파스텔을 칠하고, 라인 안쪽으로 분홍색 파스텔을 칠해요.

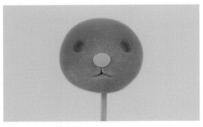

4 눈 붙일 자리를 도트봉으로 눌러 홈을 내고, 파스텔분홍색으로 코를 붙여요.

5 홈 안에 검은색 원형이 살짝 튀어나오게 넣어 붙여요.

6 쥐색과 파스텔분홍색을 그라데이션 기법(10p)으로 섞어서 원형을 2개 준비해요.

7 납작하게 누르고 안쪽을 도트봉으로 굴려 오목한 귀를 만든 다음, 머리에 붙여요.

탄성이 없는 낚싯줄을 사용하면 좋아요.

8 낚싯줄을 꽂아 수염을 표현하고, 흰색 원형을 붙여서 빛나는 눈동자를 표현해요.

9 쥐색 원형으로 몸통을 준비해요.

10 양쪽 물방울로 만들어요.

우유색 원형은
작게 만들어요.

11 쥐색과 우유색 원형을 서로 다른 크기로 2쌍 준비해요.

12 타원형으로 만든 다음 서로 이어 붙여요.

13 마이크 모양으로 만들고 동그란 부분을 납작하게 눌러요.

14 납작한 부분을 가위로 오려 발가락을 표현해요.

경계에 물을 소량 묻혀
문질러서 자연스럽게 만들어요.

15 몸통 앞쪽에 붙여 앞다리를 표현해요.

16 쥐색과 우유색으로 그라데이션 원형을 만들어요.

17 긴 물방울 모양을 만든 다음, 뭉툭한 부분을 평평하게 다듬어 꼬리를 준비해요.

18 몸통 뒤쪽에 꼬리를 붙이고, 우유색으로 원형을 2개 준비해요.

19 납작한 타원형으로 만든 다음, 가위로 오려 발가락을 표현해요.

20 몸통 아래에 붙이고, 앞다리와 뒷다리에 분홍색 파스텔을 칠해요.

21 몸통에 머리를 붙여서 생쥐를 완성합니다.

양

소요시간 3시간 내외
난이도 ★★★★★

준비물 칼 도구, 송곳, 도트봉, 붓과 파스텔, 이쑤시개

클레이 색상 ⚪ 우유색(흰9.9+노0.1)

⚫ 검은색 ⚪ 연미색(흰9.7+노0.3)

1 우유색 원형을 매만져 주둥이 부분을 만들어요.

2 송곳으로 주둥이 라인을 표현해요.

눈 붙일 자리를 먼저 도트봉으로 눌러 홈을 내요.

3 검은색과 우유색 원형을 차례로 붙여서 빛나는 눈동자를 표현해요.

코 부분은 아래에서 위로 쓸어 올리듯 칠해 주세요.

4 진갈색 파스텔을 2의 라인을 따라 칠해요.

5 우유색 원형 2개를 만들어요.

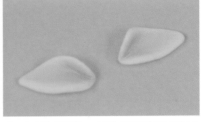

6 납작한 물방울 모양을 만들어 동그란 부분을 접은 다음, 분홍색 파스텔을 칠해 귀를 표현해요.

7 머리에 귀를 붙여요.

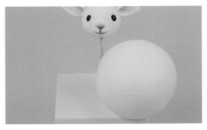

8 우유색 원형을 얼굴보다 크게 만들어 몸통을 준비해요.

9 목 부분이 위로 향하도록 오목하게 매만져요.

10 목 위로 얼굴을 붙여요.

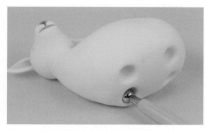

11 몸통 아래로 다리 붙을 자리를 도트봉으로 눌러 홈을 내요.

12 털을 풍성하게 표현할 수 있도록 머리 위와 앞가슴에 클레이를 덧대요.

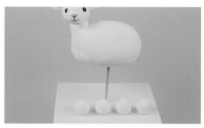

13 우유색 원형 4개를 만들어요.

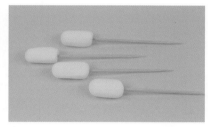

14 타원형으로 민 다음, 이쑤시개에 꽂아서 다리를 준비해요.

이쑤시개가 없으면 다리 모양을 만들어 완전히 굳은 후 사용해요.

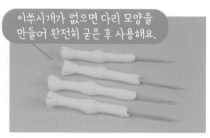

15 관절 주위를 손가락으로 굴리고 매만져 얇게 하고, 끝을 평평하게 한 후 칼 도구로 눌러서 발굽을 표현해요.

헤어라인을 미리 스케치한 후 붙이면 좋아요.

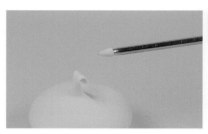

16 연미색 클레이를 송곳으로 떼고 손가락으로 대충 뭉쳐서 털을 만들어요.

17 헤어라인에서부터 시작해 털을 하나씩 붙여서 복슬복슬한 털을 표현해요.

18 얼굴 부분을 제외하고 전체적으로 털을 붙여요.

19 납작한 물방울 모양의 꼬리를 만들어 붙인 다음, 꼬리에도 털을 붙여요.

20 몸통 아래쪽 홈 안에 다리를 넣어 붙여요.

21 분홍색 파스텔을 무릎에 칠하고, 갈색 파스텔을 발굽에 칠해서 입체감 있게 양을 완성합니다.

77

염소 소요시간 1시간 30분 내외
난이도 ★★★★☆

준비물 송곳, 도트봉, 가위, 붓과 파스텔

클레이 색상 ○ 우유색(흰9.9+노0.1)   ● 갈색(노7+빨2.5+검0.5)
● 검은색   ○ 베이지색(흰9.5+노0.2+빨0.2+검0.1)

1 우유색 원형을 매만져서 주둥이 부분을 봉긋하게 만들어요.

2 송곳으로 그어 주둥이 라인을 표현해요.

3 눈 붙일 자리를 도트봉으로 눌러 홈을 낸 다음, 갈색 원형을 넣어 붙여요.

4 검은색 납작한 직사각형과 우유색 원형을 차례로 붙여서 빛나는 눈동자를 표현해요.

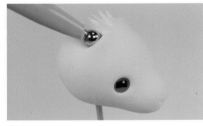

5 머리 위쪽에 가위집을 내 털을 표현하고, 뿔 붙일 자리는 도트봉으로 홈을 내요.

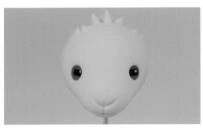

6 뿔 자리 앞쪽에도 가위집을 내 잔털을 표현해요.

7 베이지색 원형 2개를 준비해요.

8 물방울 모양으로 만든 다음, 동그란 부분을 홈 안에 넣어 붙여서 뿔을 표현해요.

9 우유색 원형 2개를 준비해요.

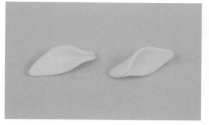

10 납작한 물방울 모양으로 만든 다음, 동그란 부분을 모아 접어서 귀를 만들어요.

11 머리에 귀를 붙여요.

12 분홍색 파스텔로 귀 안쪽과 뿔, 주둥이 부분을 칠해요.

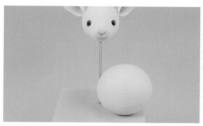

13 우유색 원형으로 몸통을 준비해요.

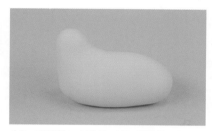

14 타원형으로 만든 다음, 한쪽을 길게 매만지고 위로 구부려 목을 표현해요.

한 쌍을 좀 더 크게 만들어요.

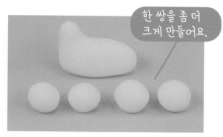

15 우유색 원형을 서로 다른 크기로 2쌍 준비해요.

관절 위아래를 엄지와 검지로 잡고 굴려서 입체적으로 표현해요.

한쪽은 평평하게 매만져서 발굽을 만들어요.

관절 부분을 살짝 구부려요.

16 작은 원형을 길게 민 다음, 관절이 도톰하도록 매만져서 앞다리를 준비해요.

17 큰 원형은 마이크 모양을 만든 다음, 둥근 부분의 한쪽이 편평하게 관절은 도톰하게 매만져서 뒷다리를 준비해요.

18 몸통과 다리 군데군데 가위집을 내서 잔털을 표현하고, 다리가 어느 정도 마르면 몸통에 붙여요.

19 우유색 원형을 준비해요.

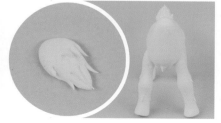

20 납작한 물방울 모양으로 만들고 가위집을 내 꼬리를 표현한 다음, 몸통 뒤쪽에 붙여요.

21 몸통에 머리를 붙여서 염소를 완성합니다.

황소

소요시간 1시간 30분 내외
난이도 ★★★★☆

준비물 칼 도구, 송곳, 도트봉, 아크릴판, 가위, 붓과 파스텔

클레이 색상 ● 갈색(노7+빨2.5+검0.5) ● 연갈색(갈6+흰4)
　　　　　 ○ 베이지색(흰9.5+노0.2+빨0.2+검0.1) ○ 연베이지색(흰8+베이지2)
　　　　　 ● 검은색 ○ 흰색

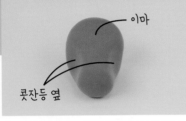

1 연갈색 원형을 매만져 주둥이 부분을 길쭉하게 만든 다음, 이마를 납작하게 하고 콧잔등 옆은 오목하게 다듬어요

2 베이지색 타원형을 준비해요.

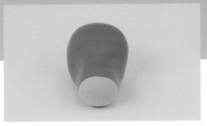

3 아크릴판으로 납작하게 눌러 주둥이에 붙여요.

4 도트봉으로 눌러 물방울 모양의 콧구멍을 표현해요.

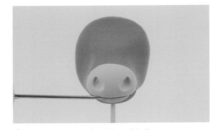

5 송곳으로 그어 입을 표현해요.

6 눈과 뿔을 붙일 자리를 도트봉으로 눌러 홈을 내요.

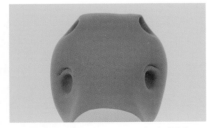

7 눈의 홈 위를 송곳으로 그어 쌍꺼풀을 표현해요.

8 검은색과 흰색 원형을 차례로 붙여서 빛나는 눈동자를 표현해요.

9 갈색을 뾰족하게 민 다음, 눈가에 붙여 속눈썹을 표현해요.

10 연베이지색 원형을 2개 준비해요.

11 긴 물방울 모양으로 만들어요.

12 살짝 구부린 다음, 동그란 부분을 홈 안에 넣어 붙여서 뿔을 표현해요.

13 연갈색 원형을 2개 준비해요.

14 양쪽 물방울로 만든 다음, 납작하게 눌러요.

15 한쪽 끝을 살짝 오므려 귀를 만들어요.

16 머리에 귀를 붙여요.

17 연갈색으로 납작한 물방울을 준비해요.

18 가장자리에 가위집을 내서 털을 만들어요.

19 뿔 사이에 털을 붙이고, 귀 안쪽은 진갈색 파스텔을 칠해 입체적으로 표현해요.

20 연갈색 원형으로 몸통을 준비해요.

21 끝이 뾰족하지 않은 물방울 모양으로 만들어요.

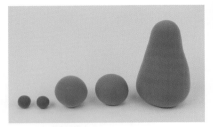

관절 위아래를 엄지와 검지로
잡고 굴려서 입체적으로 표현해요.

발굽과 맞닿을
부분은 평평하게
만들어요.

허벅지의 평평한 부분이
몸통에 맞닿게 됩니다.

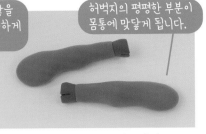

22 연갈색과 갈색으로 서로 다른 크기의
원형을 2쌍 만들어요.

23 연갈색은 타원형으로 만들어 관절을 도
톰하게 매만지고, 갈색은 원기둥 모양
의 발굽으로 만들어요.

24 서로 이어 붙인 다음, 발굽에 칼 도구로
자국을 내고 허벅지의 한쪽 면을 평평
하게 만져서 뒷다리를 만들어요.

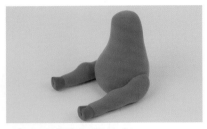

25 몸통에 뒷다리를 붙여요.

26 몸통에 머리를 붙여요.

27 뒷다리와 같은 방법으로 앞다리를 만
들어요.

발굽을 앞으로
모아 주세요.

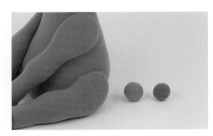

28 몸통에 앞다리를 붙여요.

29 연갈색과 갈색 원형을 서로 다른 크기
로 준비해요.

30 연갈색은 길게 밀고, 갈색은 물방울 모
양으로 만들어요.

31 서로 이어 붙인 다음, 물방울에 가위집
을 내 풍성한 꼬리털을 표현해요.

32 몸통 뒤쪽에 꼬리를 붙이고, 관절과 뿔
에 파스텔을 칠해 입체감 있게 황소를
완성합니다.

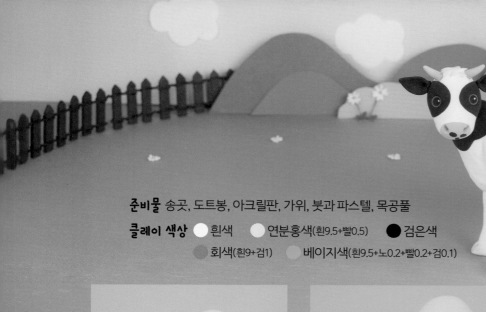

준비물 송곳, 도트봉, 아크릴판, 가위, 붓과 파스텔, 목공풀

클레이 색상 ⚪ 흰색 　⚪ 연분홍색(흰9.5+빨0.5)　⚫ 검은색
　　　　　　⚫ 회색(흰9+검1)　⚪ 베이지색(흰9.5+노0.2+빨0.2+검0.1)

1 흰색 원형을 매만져 주둥이 부분을 봉긋하게 만든 다음, 이마와 뒤통수를 납작하게 매만져요.

2 연분홍색 타원형을 만든 다음, 아크릴판으로 납작하게 눌러서 주둥이에 붙여요.

3 도트봉으로 눌러 물방울 모양의 콧구멍을 만들고, 검은색 클레이를 납작하게 눌러 붙여 점무늬를 표현해요.

4 송곳으로 그어 입을 표현해요.

가운데를 기준으로 빙 둘러 가위집을 내요.

5 정수리에 가위집을 내 털을 표현하고, 털 양옆으로 뿔 붙일 자리에 도트봉으로 홈을 내요.

6 검은색 타원형을 아크릴판으로 납작하게 눌러 점무늬를 준비해요.

7 머리에 무늬를 붙여요.

8 눈 붙일 자리를 도트봉으로 눌러 홈을 내요.

회색 원형을 홈 안에 넣은 다음, 다시 도트봉으로 눌러 주세요.

9 회색, 검은색, 흰색 원형을 차례로 붙여서 빛나는 눈동자를 표현해요.

83

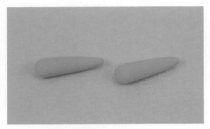

10 베이지색 긴 물방울 모양을 2개 준비해요.

11 살짝 구부린 다음, 동그란 부분을 홈 안에 넣어 붙여서 뿔을 표현해요.

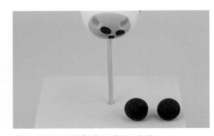

12 검은색 원형을 2개 준비해요.

13 납작한 물방울 모양을 만든 다음, 동그란 부분을 모아 접어서 귀를 만들어요.

14 머리에 귀를 붙여요.

15 흰색 원형을 준비해요.

어느 정도 마르면 몸통에 다리를 살짝 붙여서 몸통에 맞는 모양으로 매만진 후, 다시 떼어 그대로 말려요.

16 양쪽 물방울 모양으로 만들어요.

17 흰색 원형을 서로 다른 크기로 2쌍 준비해요.

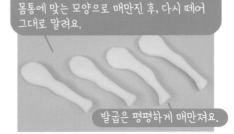

발굽은 평평하게 매만져요.

18 마이크 모양으로 만든 다음, 둥근 부분을 납작하게 누르고 관절이 도톰하도록 매만져서 다리를 준비해요.

마른 클레이끼리 접착할 때는 목공풀을 사용하면 좋아요.

19 다리가 마르면 몸통에 붙여요.

20 다리를 붙인 경계가 들떴다면, 흰색 클레이 조각을 경계에 둘러 붙이고 물을 묻혀 문지르면 자연스러워져요.

21 검은색 타원형 5개를 서로 이어 붙여 꽃 모양으로 만들어요.

아크릴판으로 누르면 더욱 균일하고 납작하게 만들 수 있어요.

22 납작하게 누른 다음, 목에 씌우듯 붙여서 무늬를 표현해요.

23 같은 방법으로 무늬를 만들어 군데군데 붙여요.

24 연분홍색 원형을 빚어서 양쪽 물방울로 만들어요.

25 한쪽 면을 평평하게 빚고 배 아래쪽에 붙여서 유방을 표현해요.

26 연분홍색 원형 4개를 같은 크기로 준비해요.

27 타원형으로 만든 다음, 유방에 붙여 젖꼭지를 표현해요.

28 흰색 원형을 서로 다른 크기로 2개 준비해요.

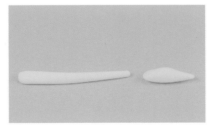

29 큰 원형은 길게 밀고, 작은 원형은 양쪽 물방울로 만들어요.

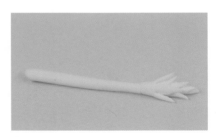

30 이어 붙인 다음, 가위집을 내 꼬리털을 표현해요.

31 꼬리 시작 부분에 검은색으로 무늬를 표현한 다음, 몸통 뒤쪽에 붙여요.

아래에서 위로 쓸어 올리듯 칠해 주세요.

32 분홍색 파스텔을 발굽에 칠해요.

33 몸통에 머리를 붙여서 젖소를 완성합니다.

말

소요시간 1시간 30분 내외
난이도 ★★★★☆

준비물 칼 도구, 도트봉, 아크릴판, 가위, 붓과 파스텔

클레이 색상 ● 갈색(노7+빨2.5+검0.5) ○ 흰색
● 검은색 ● 고동색(노5+빨3+검2)

1 갈색 타원형을 만들어 주둥이를 날렵하게 만들어요.

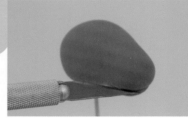

2 칼 도구로 자국 내 입을 표현해요.

3 흰색 물방울을 납작하게 누르고 동그란 부분을 평평하게 잘라 낸 다음, 주둥이 위에 세로로 붙여요.

4 양쪽 물방울을 끝이 길고 뾰족한 다이아몬드 모양으로 만든 다음, 납작하게 눌러 이마에 붙여서 무늬를 표현해요.

5 눈 붙일 자리와 콧구멍을 도트봉으로 눌러 홈을 내요.

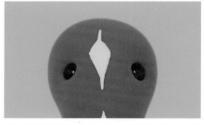

6 검은색과 흰색 원형을 차례로 붙여서 빛나는 눈동자를 표현해요.

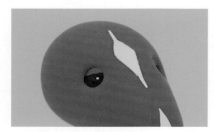

7 갈색 원형을 납작하게 누르고 1/3가량 자른 조각을 눈 위로 겹쳐 붙여서 눈꺼풀을 표현해요.

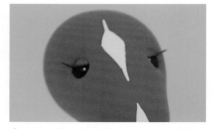

8 고동색을 뾰족하게 민 다음, 눈가에 붙여 속눈썹을 표현해요.

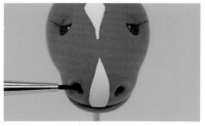

9 아이보리색 파스텔을 콧구멍과 입 주변을 칠하고, 진갈색 파스텔을 콧구멍 속과 입 안쪽에 칠해요.

10 갈색 원형을 2개 준비해요.

11 물방울 모양으로 만들어 납작하게 눌러요.

12 동그란 부분을 모아 붙여서 귀를 만들어요.

13 머리에 귀를 붙여요.

14 갈색 원형으로 몸통을 준비해요.

15 끝이 둥글고 긴 물방울 모양으로 만든 다음, 끝부분을 살짝 기울여 목을 표현해요.

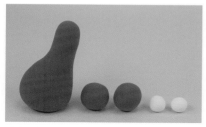

16 갈색과 흰색 원형을 서로 다른 크기로 2쌍 준비해요.

17 큰 원형은 물방울 모양, 작은 원형은 타원형으로 만들어요.

18 물방울의 뾰족한 부분과 타원형의 한쪽 면을 평평하게 만든 다음, 서로 이어 붙여서 마이크 모양으로 만들어요.

몸통에 붙일 한쪽 면은 평평하게 해요.

발바닥을 평평하게 만들고 칼 도구로 자국을 내요.

19 관절을 도톰하게 하고, 발굽을 표현해 뒷다리를 만들어요.

20 몸통에 뒷다리를 붙여요.

21 몸통에 머리를 붙여요.

87

22 뒷다리와 같은 방법으로 앞다리를 만들어요.

23 몸통에 앞다리를 붙여요.

발굽을 앞으로 모아 주세요.

24 고동색으로 양쪽 끝이 뾰족한 줄을 준비해요.

25 이마 무늬 끝에서부터 등 가운데까지 줄을 둘러 붙여요.

26 고동색 길고 얇은 물방울을 납작하게 눌러서 털을 여러 개 만들어요.

27 이마 무늬 방향으로 고동색 줄 위에 털을 가지런히 붙여요.

28 같은 방법으로 등 부분에도 털을 붙여서 말갈기를 표현해요.

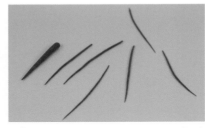

29 긴 물방울 모양 1개와 얇고 긴 줄을 여러 개 준비해요.

30 긴 물방울 위에 줄을 가지런히 붙여서 꼬리를 만들어요.

31 몸통 뒤쪽에 꼬리를 붙여요.

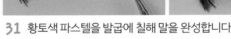

31 황토색 파스텔을 발굽에 칠해 말을 완성합니다.

PART 3
하늘을 나는
동물

참새

1 연미색 양쪽 물방울 모양의 몸통을 만든 다음, 손으로 매만져 볼록한 배를 표현해요.

2 목 부분은 평평하게 만들고, 배 부분에는 가위집을 작게 내 잔깃털을 표현해요.

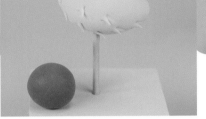

3 연갈색 원형을 준비해요.

4 원형을 꼬집듯 매만져 반구 모양의 얼굴을 만들어요.

5 몸통에 얼굴을 붙여요.

원형 위에 아크릴판을 비스듬히 놓고 굴리면 긴 물방울을 좀 더 쉽고 예쁘게 만들 수 있어요.

6 연갈색과 흑갈색 긴 물방울 모양을 서로 다른 크기로 준비해요.

아크릴판으로 누르면 더욱 균일하고 납작하게 만들 수 있어요.

7 납작하게 누르고 큰 물방울 위에 작은 물방울을 붙여 무늬 깃털을 만들어요.

뾰족한 부분을 붙여 주세요.

8 같은 방법으로 2개 더 만들어 몸통 뒤쪽에 붙여 꼬리깃을 표현해요.

9 무늬 깃털을 더 만들어 몸통 아래부터 등 줄기를 따라 올라가며 겹쳐서 붙여요.

준비물 칼 도구, 송곳, 도트봉, 아크릴판, 가위, 붓과 파스텔, 순간접착제, 이쑤시개, 나뭇가지

클레이 색상
- ⚪ 연미색(흰9.7+노0.3)
- 🟤 연갈색(갈*6+흰4) * 갈색(노7+빨2.5+검0.5)
- ⚫ 흑갈색(노3.5+빨3.5+검3)
- ⚫ 검은색
- ⚪ 흰색
- 🟠 파스텔주황색(흰9.5+주황*0.5) * 주황색(노8+빨2)

10 연미색 긴 줄을 납작하게 눌러 준비해요.

11 목을 감싸 붙인 다음, 경계면의 안쪽에서 바깥쪽으로 도트봉으로 그어 잔털을 표현해요.

물방울의 뾰족한 부분이 아래로 가게 해요.

12 검은색 납작한 물방울을 세로로 붙이고, 양옆으로 검은색 납작한 타원형을 붙여요.

반대쪽에도 붙여요.

13 연갈색 납작한 물방울을 양쪽 볼에 붙이고, 목덜미 전체를 송곳으로 그어 잔털을 표현해요.

곳곳에 작은 가위집을 내 입체적으로 표현해요.

14 검은색 납작한 물방울을 둥근 부분이 주둥이 쪽으로 오게 가로로 붙이고, 송곳으로 그어 잔털을 표현해요.

15 검은색 원뿔 모양의 부리를 만들어 붙이고, 칼 도구로 자국을 내요.

눈 붙일 자리를 먼저 도트봉으로 눌러 홈을 내요.

16 연갈색, 검은색과 흰색 원형을 차례로 붙여서 빛나는 눈동자를 표현해요.

6~7번과 같은 방법으로 깃털을 만들어요.

17 연갈색 납작한 물방울 모양의 날개 심재를 만들고, 연갈색과 흑갈색으로 줄무늬 깃털을 준비해요.

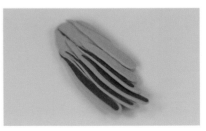

18 날개 심재 아래쪽에 줄무늬 깃털을 붙이고, 위쪽에 연갈색 깃털을 더 붙여 날개를 완성해요.

반대쪽 날개는 먼저 만든 날개와 대칭이 되게 만들어요.

19 같은 방법으로 하나 더 만들어 몸통 양 쪽에 붙여요.

20 연미색 납작한 타원형 위에 줄무늬 깃털을 붙여 무늬 깃털을 만들어요.

21 무늬 깃털을 여러 개 만들고, 연갈색 물방울 모양의 날갯죽지 심재를 준비해요.

심재의 아래쪽 뾰족한 부분부터 붙이기 시작해요.

22 날갯죽지 심재에 무늬 깃털을 겹쳐 붙여서 날갯죽지를 완성해요.

반대쪽도 대칭으로 만들어 붙여요.

23 먼저 붙인 날개 위로 날갯죽지를 붙여요.

24 이쑤시개에 파스텔주황색 클레이를 감싼 다음, 칼 도구로 자국을 내서 다리를 만들어요.

나뭇가지에 올리기 위해 한쪽 다리를 좀 더 짧게 해요.

25 하나 더 만든 다음, 몸통 아래쪽에 꽂아서 완전히 말려요.

나뭇가지는 클레이로 직접 만들어 사용해도 좋아요.

26 순간접착제로 나뭇가지에 다리를 붙여요.

27 파스텔주황색 긴 물방울 모양을 준비해요.

28 다리에 긴 물방울을 3개씩 붙이고, 칼 도구로 자국을 내 발가락을 표현해요.

29 검은색 작은 물방울 모양의 발톱을 만들어 붙여요.

30 갈색 파스텔로 군데군데 칠해 입체적으로 참새를 완성합니다.

94

준비물 칼 도구, 도트봉, 밀대, 아크릴판, 가위, 붓과 파스텔, 빨대

클레이 색상
- ● 형광보라색(구입)
- ● 형광초록색(구입)
- ● 노란색
- ● 연두색(노9+파1)
- ● 밝은남색(남*8+흰2) * 남색(파6+검4)
- ● 형광청록색(형광초록*9+초록1) * 초록색(노6+파4)
- ● 주황색(노8+빨2)
- ● 회색(흰+검1)
- ● 검은색
- ● 빨간색

> 뭉툭한 부분이 머리가 됩니다.

> 색의 종류나 순서를 자유롭게 해도 좋아요.

1 형광보라색 원형을 준비해요.

2 물방울 모양으로 만든 다음, 뭉툭한 부분 근처를 오목하게 매만져 몸통 심재를 준비해요.

3 여러 가지 색(사진은 형광보라, 형광초록, 노랑, 연두, 형광초록, 형광보라 순)을 길게 밀어 이어 붙여요.

4 커버 그라데이션 기법(11p)으로 섞어서 몸통 외피를 준비해요.

5 몸통 심재에 몸통 외피를 감싸서 몸통을 만들어요.

6 밝은남색, 형광초록색, 형광청록색 클레이를 붙여요.

> 오목한 부분 위쪽을 덮을 크기로 자연스럽게 뜯어 내서 붙여요.

> 빨대 단면을 반을 잘라서 반원 모양으로 찍어요.

7 커버 그라데이션 기법(11p)으로 섞어서 머리 외피를 준비해요.

8 오목한 부분 위쪽에 머리 외피를 씌워서 머리를 구분해요.

9 머리 아래쪽에 작은 빨대로 자국 내 깃털을 표현해요.

10 검은색 납작한 띠를 머리에 가로로 붙이고, 정수리는 가위집을 내 깃털을 표현해요.

눈 붙일 자리를 먼저 도트봉으로 눌러 홈을 내요.

11 주황색과 검은색 원형을 차례로 붙여서 눈동자를 표현해요.

12 검은색 원형을 만들어요.

칼 도구로 부리 가운데 자국을 내요.

13 한쪽 끝을 뾰족하게 밀어서 부리를 만들어 붙여요.

14 여러 가지 색(빨간색, 주황색, 노란색, 형광보라색, 형광초록색)을 그라데이션 기법(10p)으로 섞어서 준비해요.

아크릴판으로 누르면 더욱 균일하고 납작하게 만들 수 있어요.

15 형광보라색 길고 납작한 타원형으로 깃털을 여러 개 만들고, 14를 떼어 같은 방법으로 그라데이션 깃털을 만들어요.

깃털의 뾰족한 부분이 등줄기에 오도록 붙여요.

16 그라데이션 깃털 3개를 몸통 아래쪽에 붙이고, 그 위로 형광보라색 깃털을 붙여요.

17 반대편도 똑같이 붙여요.

18 회색 원형을 준비해요.

19 납작한 물방울 모양을 만들어 날개 심재를 만들어요.

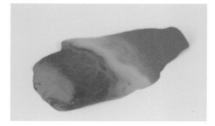

20 여러 가지 색(빨간색, 주황색, 노란색, 형광보라색, 형광초록색)을 커버 그라데이션으로 섞어 날개 외피를 만들어요.

다 씌운 다음, 날개 모양을 따라 오려 내요.

21 날개 심재 한쪽 면에만 날개 외피를 씌워요.

22 빨대로 찍어 날개 깃털을 표현해요.

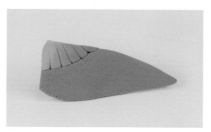

23 날개를 뒤집어 윗부분에 납작한 물방울 모양을 붙인 다음, 칼 도구로 자국을 내요.

24 아랫부분에도 칼 도구로 자국을 내요.

반대쪽 날개는 먼저 만든 날개와 대칭이 되게 만들어요.

25 날개 윗부분에 형광보라색 긴 줄을 둘러서 날개를 완성해요.

26 같은 방법으로 하나 더 만들어 몸통에 붙여요.

27 형광보라색 타원형 3개를 이어 붙이고, 칼 도구로 자국 내 피부를 표현해 발을 완성해요.

28 하나 더 만든 다음, 발가락을 살짝 구부려 몸통 아래쪽에 붙여요.

29 날개 끝과 발에 검은색 파스텔을 살짝 칠해서 벌새를 완성합니다.

흰머리오목눈이

소요시간 2시간 내외
난이도 ★★★★★

동백꽃 화분

1 흑갈색 원형을 준비해요.

2 윗면이 넓은 원기둥 모양의 화분을 만들어요.

피자커터로 자르면 편해요.

3 흑갈색 클레이를 밀대로 납작하게 밀고 잘라서 직사각형 모양의 긴 띠를 만들어요.

화분 윗면보다 조금 높게 붙여요.

4 화분 윗부분에 띠를 둘러 붙여요.

5 갈색 클레이를 납작하게 누른 다음, 철사에 목공풀을 극소량 발라 얹었어요.

화분에 꽂을 수 있도록 철사를 남겨요.

6 클레이로 철사를 감싸고 구부려서 나뭇가지를 만들어요.

7 화분 가운데에 나뭇가지를 꽂아요.

8 고동색과 밝은고동색으로 작은 원형을 여러 개 만들어 화분 안쪽에 채워요.

9 같은 방법으로 나뭇가지를 2개 더 만들어 목공풀로 나뭇가지를 이어 붙여요.

준비물 칼 도구, 도트봉, 밀대, 아크릴판, 가위, 피자커터, 목공풀, 순간접착제, 철사

클레이 색상 ● 흑갈색(노3.5+빨3.5+검3)　　● 갈색(노7+빨2.5+검0.5)　　● 고동색(노5+빨3+검2)
● 밝은고동색(흰5+고동5)　　● 진초록색(파5+노4.5+검0.5)
● 진빨간색(빨9.9+검0.1)　　● 진노란색(노9.8+빨0.2)
● 연두색(노9+파1)　　● 검은색　　○ 흰색
● 밝은황토색(흰7+황토＊3) ＊ 황토색(노8.5+빨1.2+검0.3)　　○ 우유색(흰9.9+노0.1)

10 진초록색 물방울을 납작하게 누른 다음, 칼 도구로 자국을 내 입맥을 표현해요.

11 나뭇가지에 군데군데 나뭇잎을 붙여요.

12 진빨간색 물방울 모양의 심재 1개와 납작한 물방울 모양의 꽃잎 8개를 준비해요.

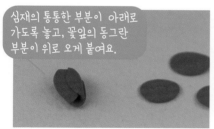

심재의 통통한 부분이 아래로 가도록 놓고, 꽃잎의 동그란 부분이 위로 오게 붙여요.

13 심재에 꽃잎 3개를 감싸듯 붙여요.

앞서 붙인 꽃잎에 달라붙지 않도록 주의해요.

14 나머지 꽃잎 5개를 감싸 붙여서 동백꽃을 만들어요.

15 동백꽃 가운데에 진노란색 작은 원형을 붙여 수술을 표현해요.

진빨간색 꽃잎 3개와 연두색 꽃받침 5개를 만들어요.

16 진빨간색 물방울 모양 심재 1개와 연두색과 진빨간색으로 납작한 물방울 8개를 준비해요.

17 심재에 진빨간색 꽃잎 3개를 감싸듯 붙이고, 나머지 연두색 꽃받침을 둘러 붙여 꽃봉오리를 만들어요.

18 같은 방법으로 여러 개 만들어 나뭇잎 위에 붙여서 동백꽃 화분을 완성합니다.

아크릴판으로 누르면 더욱 균일하고 납작하게 만들 수 있어요.

아랫부분에 원하는 길이로 맞춰 붙인 후 위로 튀어나온 부분을 잘라서 마무리해요.

1 검은색 납작한 물방울 모양의 날개 심재와 검은색 긴 물방울을 납작하게 눌러 깃털 3개를 준비해요.

2 날개 심재의 한쪽에 검은색 깃털을 붙이고, 흰색으로 깃털을 3개 더 준비해요.

3 흰색 깃털을 점점 짧아지게 이어 붙여서 날개를 완성해요. 같은 방법으로 대칭되는 날개를 하나 더 만들어요.

4 검은색과 밝은황토색 원형을 서로 다른 크기로 준비해요.

5 물방울 모양으로 만들어요.

6 납작하게 누른 다음, 큰 물방울 위에 작은 물방울을 얹어 붙여요.

7 동그란 부분은 잘라 버리고, 남은 가장자리는 가위집을 내 등 깃털을 만들어요.

8 우유색 원형을 준비해요.

9 타원형 모양의 몸통으로 만든 다음, 등에 두 날개를 붙여요.

꽃철사 중 제일 얇은 것을 준비하면 좋아요.

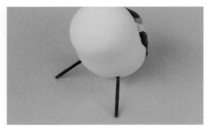

10 날개 사이에 등 깃털을 붙여요.

11 얇은 철사에 검은색 클레이를 씌워 발을 만들어요.

12 몸통 아래에 발을 꽂아요.

먼저 도트봉으로 눌러 홈을 낸 다음, 아래쪽에 붙여요.

13 검은색 납작한 삼각형 모양으로 아랫 부리를 만들어 붙여요.

부리끼리 이어 붙인 후 한꺼번에 홈 안에 넣어 붙여도 됩니다.

14 마찬가지로 윗부리도 만들어 홈 안에 넣어 붙여요.

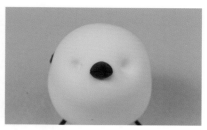

15 눈 붙일 자리를 도트봉으로 눌러 홈을 내요.

16 검은색과 흰색 원형을 차례로 붙여서 빛나는 눈동자를 표현한 후, 완전히 말려 주세요.

한쪽 다리는 나뭇가지 위치에 맞게 잘라 내요.

17 순간접착제로 다리를 나뭇가지에 고정해요.

18 흰색 긴 타원형을 눌러서 꽁지깃 심재를 만들고, 좀 더 얇은 타원형으로 흰색과 검은색 깃털을 여러 개 준비해요.

한쪽 끝에 맞춰 붙인 후, 반대쪽은 가위로 잘라서 정리해요.

19 꽁지깃 심재 앞뒤로 검은색 깃털을 각 3개씩 붙이고, 양옆으로 흰색 깃털을 3개씩 붙여서 꽁지깃을 만들어요.

20 두 날개 밑으로 꽁지깃을 붙여요.

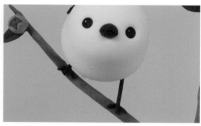

21 다리 밑에 검은색 작은 타원형을 3개씩 발가락으로 붙여서 흰머리오목눈이를 완성합니다.

청둥오리 소요시간 1시간 30분 내외
난이도 ★★★★☆

준비물 칼 도구, 송곳, 도트봉, 아크릴판, 가위, 붓과 파스텔, 이쑤시개

클레이 색상
- 회색(흰9+검1)
- 고동색(노5+빨3+검2)
- 남색(파6+검4)
- 연노란색(흰9+노1)
- 검은색
- 흰색
- 흑갈색(노3.5+빨3.5+검3)
- 주황색(노8+빨2)

아크릴판으로 누르면 더욱 균일하고 납작하게 만들 수 있어요.

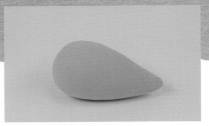

1 회색 물방울 모양의 몸통을 준비해요.

2 고동색 긴 물방울을 준비해요.

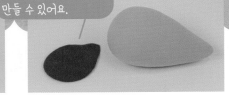

3 긴 물방울을 납작하게 눌러요.

4 동그란 부분을 칼 도구로 눌러서 올록볼록한 무늬를 만들어요.

5 올록볼록한 부분이 아래로 오도록 앞가슴에 붙여요.

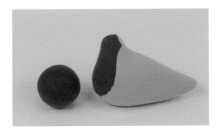

6 남색 원형을 준비해요.

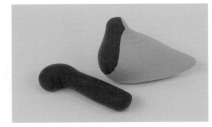

7 마이크 모양으로 만들고 둥근 부분을 앞으로 꺾어 머리와 목을 만들어요.

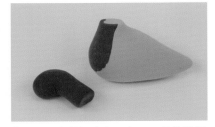

8 목을 적당한 길이로 자르고, 몸통의 목 부분도 잘라서 평평하게 매만져요.

9 머리를 몸통에 붙여요.

안쪽에서
바깥쪽으로
밀어내듯
그어요.

10 경계면에 흰색 띠를 두르고, 얇은 도트
봉으로 눌러 잔깃털을 표현해요.

11 연노란색 원형을 준비해요.

12 한쪽이 살짝 얇은 타원형을 만들어요.

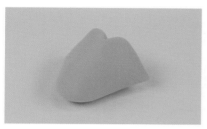

13 두꺼운 부분의 한쪽을 손가락으로 꼬
집어 평평한 세모로 만든 다음, 위쪽을
칼 도구로 눌러서 부리를 만들어요.

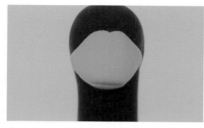

14 머리 앞쪽에 부리를 붙인 다음, 칼 도구
로 자국을 내요.

눈 붙일 자리를 먼저
도트봉으로 눌러 홈을 내요.

15 송곳으로 콧구멍을 표현하고, 검은색과
흰색 원형을 차례로 붙여서 빛나는 눈
동자를 표현해요.

16 흰색 납작한 물방울 위에 고동색 납작
하고 긴 물방울을 붙여 무늬 깃털을 준
비해요.

17 몸통 뒤쪽에 무늬 깃털을 가지런히 붙
여서 꼬리깃을 표현해요.

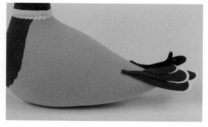

18 검은색으로 납작하고 긴 물방울 모양
의 깃털을 여러 개 붙여요.

19 회색 물방울 모양을 납작하게 눌러 날
개 심재를 준비해요.

20 남색 타원형을 납작하게 눌러요.

21 타원형의 한쪽을 자른 후, 검은색과 흰
색 납작한 줄을 둘러 깃털을 만들어요.

22 흑갈색과 고동색 납작한 물방울에 흰색 줄을 둘러 깃털을 4개 더 만들어요.

흰 줄 부분이 날개의 뾰족한 쪽으로 오도록 해요.

23 날개 심재에 흰 줄을 두른 깃털을 차곡차곡 번호순으로 붙이고, 맨 위에 민무늬 깃털을 붙여 날개 깃털을 완성해요.

반대쪽 날개는 먼저 만든 날개와 대칭이 되게 만들어요.

24 날개를 하나 더 만들어 몸통 양쪽에 붙여요.

이쑤시개를 몸통에 꽂을 수 있도록 한쪽은 클레이를 씌우지 않고 남겨요.

25 이쑤시개에 주황색을 씌워 붙이고 칼도구로 자국 내 발목을 준비해요.

26 고동색 납작한 물방울로 물갈퀴를 만들고, 주황색 원형을 6개 준비해요.

발가락을 앞쪽부터 붙이고 뒤에 남는 부분은 가위로 잘라요.

27 원형을 길게 밀어 물갈퀴 위에 3개씩 붙여 발가락을 표현해요.

28 발목에 발을 붙여 다리를 만든 다음, 칼도구로 자국을 내요.

29 진갈색 파스텔을 다리에 살짝 칠한 다음, 다리를 완전히 말려요.

30 노란색과 연두색 파스텔을 부리와 얼굴 주변에 칠해요.

31 몸통 아래쪽에 다리를 꽂아 청둥오리를 완성합니다.

준비물 칼 도구, 송곳, 아크릴판, 붓과 파스텔, 이쑤시개

클레이 색상 ○ 우유색(흰9.9+노0.1)   ○ 진노란색(노9.8+빨0.2)
● 검은색   ● 회색(흰9+검1)   ○ 흰색

1 우유색 원형을 밀어서 물방울 모양으로 만들어요.

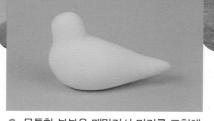

2 뭉툭한 부분을 매만져서 머리를 표현해요.

3 진노란색 원형을 준비해요.

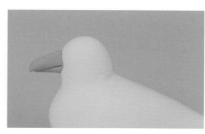

4 원형을 매만져서 원뿔 모양의 부리를 만들어요.

5 머리에 부리를 붙인 다음, 칼 도구로 부리 가운데 자국을 내요.

6 노란색 타원형을 납작하게 누른 다음, 머리 양쪽에 붙여서 눈을 표현해요.

아크릴판으로 누르면 더욱 균일하고 납작하게 만들 수 있어요.

7 눈 가운데 검은색 작은 원형을 붙여 동공을 표현해요.

8 검은색 줄을 둘러 붙여 눈매를 또렷하게 만들고, 부리 끝을 송곳으로 찔러 콧구멍을 만들어요.

9 검은색 긴 물방울 모양을 납작하게 눌러 깃털을 만들어요.

105

10 몸통 뒤쪽에 깃털을 붙여요.

11 같은 방법으로 회색 깃털을 만들어 몸통
에 붙여요.

12 회색 원형을 준비해요.

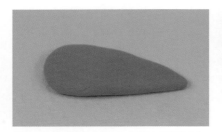

13 긴 물방울 모양으로 빚고 납작하게 눌
러 날개 심재를 만들어요.

14 회색과 흰색 원형을 서로 다른 크기로
준비해요.

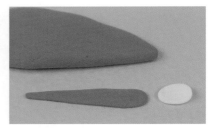

15 각각 긴 물방울과 타원형으로 만들어
납작하게 눌러요.

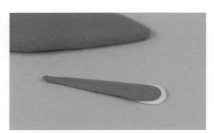

16 타원형 위에 긴 물방울을 붙여 하나의
깃털로 만들어요.

17 같은 방법으로 깃털을 2개 더 만들어
날개 심재의 뾰족한 부분에 붙여요.

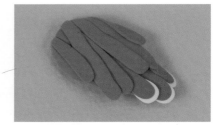

18 회색 긴 물방울을 납작하게 눌러서 깃
털을 만든 다음, 심재 전체에 붙여 날개
를 만들어요.

19 같은 방법으로 날개를 하나 더 만들어
몸통 양쪽에 붙여요.

20 검은색 파스텔을 부리 끝에 칠해요.

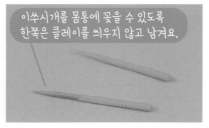

21 이쑤시개에 진노란색을 씌워 붙이고
칼 도구로 자국 내 발목을 준비해요.

106

22 진노란색색 납작한 물방울 2개와 짧은 줄 6개를 준비해요.

가운데 줄을 먼저 붙인 후, 양옆으로 나머지를 붙이면 보기 좋아요.

23 물방울 위에 짧은 줄 3개를 붙여 발을 표현해요.

24 칼 도구로 자국을 내 발가락을 입체적으로 표현해요.

25 발목에 발을 붙여 다리를 만든 다음, 완전히 말려요.

26 몸통 아래에 다리를 꽂아 갈매기를 완성합니다.

공작새

소요시간 3시간 내외
난이도 ★★★★★

1 군청색 원형을 준비해요.

2 양쪽 물방울로 만든 후 한쪽 끝은 더 길 게 밀고 꺾어서 머리를 표현해요.

3 흰색 물방울 2개를 납작하게 눌러서 머 리 양쪽에 붙여요.

4 검은색 물방울 2개를 납작하게 눌러서 흰색 위에 붙여요.

5 회색 원뿔 모양의 부리를 만들어 머리에 붙여요.

칼 도구로 부리 가운데 자국을 내고, 송곳으로 콧구멍도 표현해요.

6 회색과 검은색, 흰색 원형을 차례로 붙여 서 빛나는 눈동자를 표현해요.

7 군청색 작은 원형을 여러 개 붙여서 복슬 복슬한 털을 표현해요.

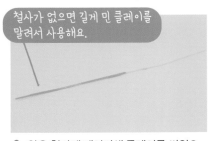

철사가 없으면 길게 민 클레이를 말려서 사용해요.

8 얇은 철사에 베이지색 클레이를 씌워요.

9 적당한 길이로 잘라 머리에 꽂고, 군청색 작은 원형을 붙여서 장식 깃털을 표현해 요.

108

준비물 칼 도구, 송곳, 도트봉, 아크릴판, 가위, 붓과 파스텔, 철사

클레이 색상 ● 군청색(파9+빨1) ● 검은색 ○ 흰색 ● 회색(흰9+검1) ● 베이지색(흰9.5+노0.2+빨0.2+검0.1)
● 흑갈색(노3.5+빨3.5+검3) ● 더밝은연두색(연두*9+흰1) * 연두색(노9+파1)
● 연갈색(갈*6+흰4) * 갈색(노7+빨2.5+검0.5) ● 국방색(노4.8+파3.2+검2)
● 하늘색(흰9+파1) ● 남색(파6+검4)

칼 도구로 자국을 내서
피부를 생생하게 표현해요.

10 이쑤시개에 베이지색을 씌워 붙이고 발
가락을 3개씩 붙여서 다리를 만들어요.

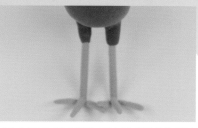

11 군청색 물방울을 몸통 아래에 2개 붙여
허벅지를 만든 다음, 홈을 내어 다리를
붙여요.

12 흑갈색, 더밝은연두색, 연갈색 클레이
를 아크릴판으로 납작하게 눌러요.

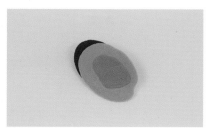

13 색을 서로 겹쳐 붙여요.

14 끝부분에 가위집을 잘게 넣어서 깃털
을 표현해요. 같은 방법으로 여러 개 만
들어요.

15 군청색 타원형을 납작하게 누르고 아래
쪽을 잘라서 심재를 만들어요.

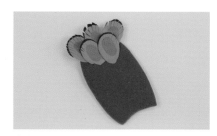

16 심재의 위쪽부터 깃털을 차곡차곡 붙
여요.

17 흑갈색과 더밝은연두색으로만 깃털을
더 만들어요.

18 심재 아래쪽까지 깃털을 촘촘히 붙여
서 꼬리깃을 만들어요.

109

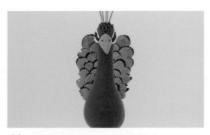

19 몸통 뒤쪽에 꼬리깃을 붙여요.

꽃철사 중 제일 얇은 것을 준비하면 좋아요.

20 국방색 긴 물방울 모양을 납작하게 누르고 뒷면에 얇은 철사를 덧대어 위꽁지덮깃을 준비해요.

아크릴판으로 최대한 납작하게 눌러야 무늬를 얇게 만들 수 있어요.

21 5가지 색(흑갈색, 더밝은연두색, 연갈색, 하늘색, 남색)의 클레이를 납작하게 누른 다음, 겹쳐 붙여서 무늬를 만들어요.

22 위꽁지덮깃 위에 무늬를 붙여요.

철사 없이 만들 경우, 어느 정도 마른 후 가위집을 내요.

23 철사를 중심으로 가장자리를 잘게 가위집을 내 위꽁지덮깃을 완성해요.

24 같은 방법으로 위꽁지덮깃을 20개 정도 만들어요.

25 아래로 삐져나온 철사를 조금만 남기고 잘라요.

26 꼬리깃 뒤로 위꽁지덮깃을 두 줄로 둘러 붙여요.

27 검은색 파스텔을 콧구멍과 몸 군데군데 칠해서 입체적으로 공작새를 완성합니다.

준비물 칼 도구, 도트봉, 아크릴판, 가위, 붓과 파스텔

클레이 색상
- 연갈색(갈*6+흰4) * 갈색(노7+빨2.5+검0.5)
- 베이지색(흰9.5+노0.2+빨0.2+검0.1)
- 흰색
- 검은색
- 연노란색(흰9+노1)
- 고동색(노5+빨3+검2)
- 진노란색(노9.8+빨0.2)

통나무

1 연갈색 긴 타원형을 준비해요.

2 양쪽 끝을 꼬집듯 매만져 원기둥 모양의 통나무를 만들어요.

3 베이지색 원형을 납작하게 눌러요.

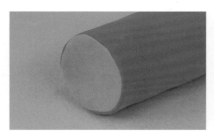

4 한쪽 면에 붙인 다음, 경계를 다시 한 번 꼬집듯 매만져 정리해요.

5 칼 도구로 눌러서 껍데기의 질감을 표현해요.

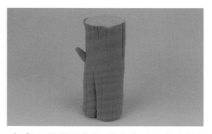

6 황토색 물방울을 옆면에 나뭇가지처럼 붙여서 통나무를 완성해요.

독수리

1 흰색 타원형을 만들어요.

2 살짝 구부려 머리를 준비해요.

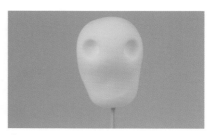

3 눈 붙일 자리를 도트봉으로 눌러 홈을 내요.

세필붓을 이용해 입으로 후후 불어 파스텔 가루를 날려 가며 칠해요.

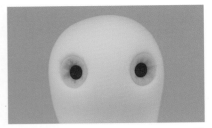

4 연노란색 원형 2개를 홈 안에 넣어 붙여요.

5 갈색 파스텔로 ★ 모양을 연노란색 위로 그려요.

6 검은색 작은 원형을 붙여서 동공을 표현해요.

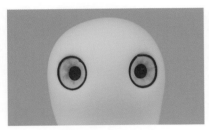

7 검은색 줄을 둘러 붙여 눈매를 또렷하게 만들어요.

8 머리 아래쪽에 가위집을 내 깃털을 표현해요.

9 고동색 양쪽 물방울 모양의 몸통을 준비해요.

10 몸통에 머리를 붙여요.

11 흰색 원형을 준비해요.

12 납작한 물방울 모양으로 만들어요.

두 눈 사이에 정수리 깃털의 뾰족한 부분이 오도록 해요.

눈 윗부분을 살짝 덮도록 붙이면 매서운 느낌을 낼 수 있어요.

13 둥근 부분을 가위로 오려 내 정수리 깃털을 준비해요.

14 머리 위에 정수리 깃털을 붙여요.

15 깃털 붙인 경계에 물을 소량 묻혀 문질러서 자연스럽게 만들어요.

16 진노란색 원형을 준비해요.

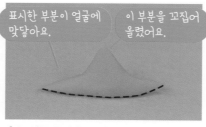

표시한 부분이 얼굴에 맞닿아요.

이 부분을 꼬집어 올렸어요.

17 양쪽 물방울로 빚은 다음, 가운데를 뾰족하게 꼬집어 올려 아랫부리를 만들어요.

18 눈 아래로 아랫부리를 붙여요.

20번처럼 윗부리가 아랫부리보다 길어야 해요.

표시한 부분이 얼굴에 맞닿아요.

19 진노란색 물방울 모양을 삼각뿔 모양으로 꼬집어서 윗부리를 만들어요.

20 아랫부리 위에 윗부리를 붙여요.

21 윗부리의 끝부분을 아래로 구부려요.

22 작은 도트봉으로 눌러서 콧구멍을 표현해요.

23 고동색 원형을 준비해요.

24 긴 물방울 모양으로 만들어요.

아크릴판으로 누르면 더욱 균일하고 납작하게 만들 수 있어요.

25 물방울을 납작하게 눌러 날개 심재를 만들고, 긴 물방울을 납작하게 눌러 깃털을 준비해요.

26 날개 심재 아래쪽에 깃털을 여러 개 붙여요.

27 깃털을 더 준비해요.

28 앞에서 붙인 깃털보다 위로 깃털을 더 붙여요.

29 갈색 파스텔을 깃털 끝에 칠해요.

30 깃털을 위로 두세 겹 더 붙여서 날개를 완성해요. 같은 방법으로 대칭되는 날개를 하나 더 만들어요.

31 몸통 양쪽에 날개를 붙여요.

32 고동색 원형을 같은 크기로 2개 준비해요.

한쪽을 더 두껍게 만들어요.

33 끝이 뾰족하지 않은 물방울 모양으로 허벅지를 만들어요.

34 발 붙일 자리를 도트봉으로 눌러 홈을 내요.

35 몸통 아래에 허벅지를 붙여요.

36 진노란색 원형을 같은 크기로 2개 준비해요.

37 원형을 타원형으로 만들고, 좀 더 작은 타원형을 6개 더 준비해요.

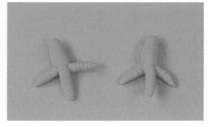

38 큰 타원형에 작은 타원형 3개를 이어 붙인 다음, 칼 도구로 자국을 내 발을 표현해요.

발톱 붙일 자리를 먼저 도트봉으로 눌러 홈을 내요.

39 검은색 물방울 모양의 발톱을 만들어 발가락 끝에 붙여요.

40 허벅지의 홈 안에 발을 넣어 붙여요.

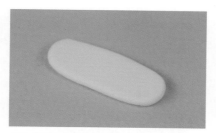

41 흰색 타원형을 납작하게 눌러 꼬리 심재를 만들어요.

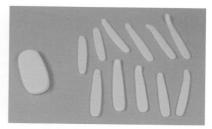

42 흰색으로 긴 타원형을 만들고 납작하게 눌러 깃털을 준비해요.

남는 부분은 잘라 내요.

43 심재에 깃털을 빙 둘러 붙여서 꼬리를 완성해요.

44 몸통 뒤쪽에 꼬리를 붙인 다음, 독수리를 통나무 위에 올려서 붙여요.

45 베이지색과 진갈색 파스텔을 통나무에 칠해서 입체적으로 독수리를 완성합니다.

부엉이

소요시간 2시간 30분 내외
난이도 ★★★★★

뭉툭한 부분이
머리가 됩니다.

몸통을 전체적으로
살짝 납작하게
눌러 주세요.

1 밝은황토색 원형을 준비해요.

2 물방울 모양으로 만든 다음, 뭉툭한 부분 근처를 오목하게 매만져 몸통 심재를 만들어요.

3 밝은황토색 작은 원형을 준비해요.

아크릴판으로 누르면 더욱 균일하고 납작하게 만들 수 있어요.

4 납작하고 긴 물방울 모양의 깃털을 만들어요. 가운데 흑갈색 줄을 붙인 깃털도 만들어요.

5 몸통 아래쪽부터 깃털을 붙여요.

6 흑갈색 무늬가 있는 깃털을 더 만들어 붙여요.

머리와 날개
붙일 쪽을
제외하고 전부
붙여요.

머리 양옆은 가위집을 내
삐죽삐죽한 깃털을 표현해요.

7 좀 더 짧은 깃털을 만들어 위로 더 붙여요.

8 우유색 깃털도 만들어 머리 쪽에 붙여요.

9 얼굴 가운데를 기준으로 우유색 깃털을 죽 둘러 붙여요.

준비물 칼 도구, 송곳, 아크릴판, 가위, 붓과 파스텔, 이쑤시개, 나뭇가지

클레이 색상 ● 밝은황토색(흰7+황토*3) * 황토색(노8.5+빨1.2+검0.3) ● 흑갈색(노3.5+빨3.5+검3) ○ 우유색(흰9.9+노0.1)
● 검은색 ○ 노란색 ○ 흰색 ● 베이지색(흰9.5+노0.2+빨0.2+검0.1)

10 밝은황토색 깃털을 흰색 위로 한 겹 더 둘러 붙여요.

11 깃털이 붙은 자리를 먼저 평평하게 누른 다음, 검은색, 노란색, 검은색 원형을 차례로 붙여서 눈동자를 표현해요.

12 밝은황토색 물방울을 납작하게 눌러 심재를 만들고, 검은 무늬가 있는 깃털도 준비해요.

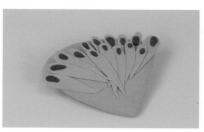

13 깃털의 뾰족한 부분이 심재 뾰족한 부분을 향하도록 깃털을 붙여요.

14 깃털을 더 붙여서 정수리 깃털을 완성해요.

두 눈 사이에 정수리 깃털의 뾰족한 부분이 오도록 해요.

15 머리 위에 정수리 깃털을 붙여요.

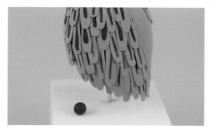

16 흑갈색 원형을 준비해요.

17 원뿔 모양으로 매만져 부리를 만들어요.

18 부리를 붙인 다음, 칼 도구로 부리 가운데 자국을 내고 송곳으로 콧구멍도 표현해요.

117

19 우유색 클레이를 얇게 밀어 부리 양쪽으로 붙여요.

20 흰색 원형을 동공에 붙여서 빛나는 눈동자를 표현해요.

밝은황토색을 조금 작게 만들어요.

21 밝은황토색과 흑갈색 원형을 2개씩 준비해요.

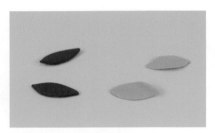

22 양쪽 물방울 모양으로 만들어 납작하게 눌러요.

23 서로 겹쳐 붙여서 귀를 만들어요.

흑갈색 면이 앞에서 보이게 해요.

24 머리 양쪽에 귀를 붙여요.

25 귀 가장자리에 가위집을 잘게 내 잔 깃털을 표현해요.

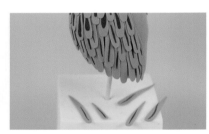

26 흑갈색 무늬가 있는 깃털을 준비해요.

27 깃털의 뾰족한 부분끼리 이어 붙여 꼬리 깃털을 만들어요.

28 몸통 아래에 꼬리 깃털을 붙여요.

29 밝은황토색 납작한 타원형 위에 흑갈색 깃털을 붙여서 무늬 깃털을 준비해요.

30 흑갈색 물방울을 납작하게 눌러 날개 심재를 만들고, 무늬 깃털도 넉넉히 만들어요.

31 날개 심재의 뾰족한 부분에 흑갈색 깃털을 붙여요.

32 그 위로 무늬 깃털을 붙여요.

33 무늬 깃털을 위로 계속 붙여서 날개를 완성해요.

반대쪽 날개는 먼저 만든 날개와 대칭이 되게 만들어요.

34 같은 방법으로 날개를 하나 더 만들어 양쪽 어깨에 붙여요.

35 이쑤시개 끝에 베이지색 물방울 모양을 꽂아서 다리를 준비해요.

36 몸통 아래쪽에 다리를 꽂아요.

37 베이지색 원형을 3개 준비해요.

얇은 부분이 발끝이 됩니다.

38 한쪽이 더 얇은 타원형으로 만들어 다리 아래 붙여서 발가락을 표현해요.

39 반대쪽 다리도 붙인 다음, 송곳으로 세로 무늬를 내어 털을 표현해요.

나뭇가지가 없으면 클레이로 만들어 완전히 굳은 후 사용해요.

40 나뭇가지 위에 올려 발가락을 구부린 다음, 흑갈색 물방울 모양의 발톱을 만들어 발가락 끝에 붙여요.

클레이로 만든 통나무(111p)에 나뭇가지를 연결해 만들어요.

41 진갈색 파스텔로 몸통 깃털에 가로무늬를 그리고, 아이보리색 파스텔로 날개에도 점무늬를 그려요.

42 부리와 발에도 아이보리색 파스텔을 칠해 입체적으로 부엉이를 완성합니다.

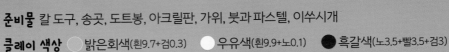

넓적부리황새(슈빌)

소요시간 2시간 내외
난이도 ★★★★☆

준비물 칼 도구, 송곳, 도트봉, 아크릴판, 가위, 붓과 파스텔, 이쑤시개

클레이 색상
○ 밝은회색(흰9.7+검0.3)   ○ 우유색(흰9.9+노0.1)   ● 흑갈색(노3.5+빨3.5+검3)
● 검은색   ● 진회색(흰8+검2)   ● 회색(흰9+검1)

1 밝은회색 물방울 모양을 만들어요.

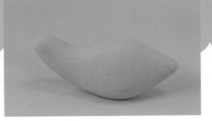

2 물방울의 둥근 부분을 길게 밀고 위로 구부려 목을 표현해요.

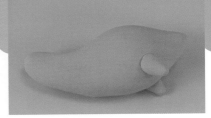

3 밝은회색 물방울의 둥근 면을 평평하게 만들어 몸통 아래 붙여서 허벅지를 표현해요.

생략 가능해요.

4 허벅지 붙인 경계에 물을 소량 묻혀 문질러서 자연스럽게 만들어요.

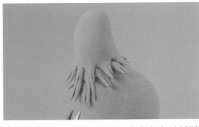

5 목 위에서부터 아래로 내려가며 가위집을 내 깃털을 표현해요.

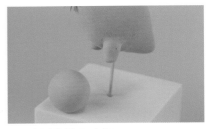

6 회색 원형을 준비해요.

눈 부분은 손가락으로 살짝 눌러 오목하게 만들어요.

7 타원형의 머리로 만들어 목 위에 붙인 다음, 경계에 물을 소량 묻혀 문질러서 자연스럽게 만들어요.

8 정수리 쪽에 가위집을 내 머리 깃털을 표현해요.

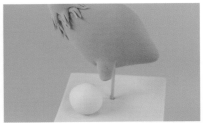

9 우유색 원형을 준비해요.

120

10 원뿔 모양으로 만들고, 원뿔 밑면의 양 쪽 끝을 꼬집어 부리를 준비해요.

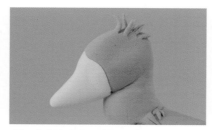

11 머리 앞면에 부리를 붙여요.

12 우유색 작은 물방울을 납작하게 눌러 부리 끝에 붙여요.

13 경계에 물을 소량 묻혀 문질러서 자연 스럽게 만들어요.

송곳에 오일을 바르면 깔끔하게 그을 수 있어요.

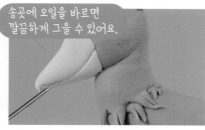

14 송곳으로 그어 입을 표현해요.

눈 붙일 자리를 먼저 도트봉으로 눌러 홈을 내요.

15 우유색과 검은색 원형을 차례로 붙여 서 눈동자를 표현해요.

16 검은색 줄을 둘러 붙여 눈매를 또렷하 게 만들어요.

아크릴판으로 누르면 더욱 균일하고 납작하게 만들 수 있어요.

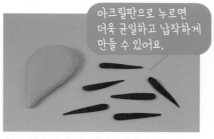

17 밝은회색 물방울을 납작하게 눌러 날 개 심재를 만들고, 흑갈색으로 납작하 고 긴 물방울 모양의 깃털을 준비해요.

18 날개 심재의 뾰족한 부분에 깃털을 붙 여요.

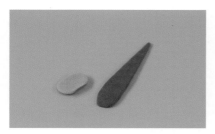

19 밝은회색 타원형과 진회색 긴 물방울 을 납작하게 눌러 준비해요.

20 타원형 위에 물방울을 붙여 무늬 깃털 을 만들어요.

21 같은 방법으로 여러 개 만들어 흑갈색 깃털 위로 무늬 깃털을 두 겹 붙여요.

22 밝은회색 타원형과 회색 긴 물방울로
도 무늬 깃털을 만들어요.

23 무늬 깃털을 계속해서 붙여요.

24 남은 부분에 회색 깃털을 붙여서 날개
를 완성해요.

25 몸통 양쪽에 날개를 붙여요.

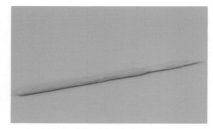

26 이쑤시개에 밝은회색 클레이를 씌워
다리를 4개 준비해요.

17 밝은회색 클레이를 얇고 길게 밀어 준
비해요.

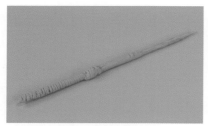

28 다리 가운데에 둘러서 관절을 만들고,
칼 도구로 눌러서 피부를 표현해요.

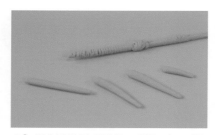

29 밝은회색 긴 물방울 모양을 서로 다른
크기로 4개 준비해요.

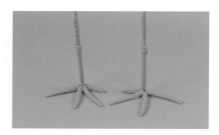

30 다리에 붙여 발가락을 표현하고, 칼 도
구로 눌러서 피부를 표현해요.

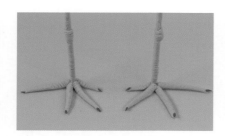

31 검은색 작은 물방울 모양의 발톱을 만
들어 발가락 끝에 붙여서 다리를 완성
해요.

32 허벅지에 다리를 꽂아 넣어요.

33 검은색 파스텔로 부리에 점무늬를 찍
고, 나머지 부분에도 색을 칠하여 입체
적으로 넓적부리황새를 완성합니다.

122

토코투칸

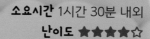

준비물 칼 도구, 도트봉, 아크릴판, 가위, 붓과 파스텔, 이쑤시개

클레이 색상 ● 검은색   ○ 흰색   ○ 노란색
○ 주황색(노8+빨2)   ○ 하늘색(흰9+파1)   ● 회색(흰9+검1)

1 검은색 긴 물방울 모양을 준비해요.

뭉툭한 부분이 머리가 됩니다.

2 뭉툭한 부분 근처를 오목하게 매만져 몸통 심재를 만들어요.

3 흰색 원형을 준비해요.

4 타원형으로 만들고 아크릴판으로 납작하게 눌러서, 머리와 가슴 쪽에 세로로 붙여요.

5 노란색 원형을 준비해요.

6 살짝 휜 원뿔 모양으로 만들어 부리를 만들어요.

7 머리 앞쪽에 부리를 붙여 칼 도구로 자국 내고, 끝부분을 가위로 잘라 부리를 살짝 벌려요.

물방울의 뾰족한 부분을 부리 끝에 붙여요.

8 검은색 물방울을 납작하게 누른 다음, 벌려진 윗부리 안에 한쪽을 넣어 부리를 감싸듯 붙이고 부리를 오므려요.

9 검은색 클레이를 납작하게 눌러 울퉁불퉁한 줄을 만들어요.

123

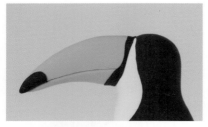

10 부리와 머리의 경계에 둘러 붙여요.

11 주황색을 납작한 타원형으로 만들어 반을 잘라요.

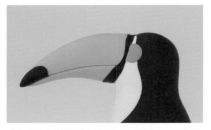

12 얼굴 양쪽에 붙여 눈가 깃털 무늬를 표현해요.

눈 붙일 자리를 먼저 도트봉으로 눌러 홈을 내요.

13 하늘색, 검은색, 흰색 원형을 차례로 붙여서 빛나는 눈동자를 표현해요.

14 검은색 원뿔 모양의 허벅지를 2개 준비해요.

15 몸통 아래쪽에 허벅지를 붙여요.

아크릴판으로 누르면 더욱 균일하고 납작하게 만들 수 있어요.

16 검은색 납작한 물방울 모양의 심재를 만들고, 검은색과 흰색 긴 물방울을 납작하게 눌러 깃털을 준비해요.

17 심재의 둥근 부분에 검은색 깃털을 붙인 다음, 그 위로 흰색, 맨 위에 검은색 깃털을 붙여서 꼬리깃을 완성해요.

18 몸통 뒤쪽에 꼬리깃을 붙여요.

19 검은색 납작한 물방울 모양의 날개 심재를 준비해요.

20 검은색 깃털을 심재의 뾰족한 부분부터 위로 겹쳐 붙여서 날개를 만들어요. 같은 방법으로 2개 준비해요.

21 몸통 양쪽에 날개를 붙여요.

124

22 허벅지에 이쑤시개를 꽂아 넣어요.

이쑤시개에 클레이를 감싸
다리를 먼저 완성한 후
허벅지에 꽂아도 괜찮아요.

23 회색 클레이를 허벅지 바로 아래쪽에 감싸 붙이고, 칼 도구로 질감을 표현한 뒤 완전히 말려요.

24 통나무(111p)를 만든 다음, 다리를 꽂아서 고정해요.

25 회색 얇은 타원형을 서로 다른 길이로 3쌍 만들어 발가락을 준비해요.

26 다리에 발가락을 3개씩 붙이고 칼 도구로 누른 다음, 검은색 물방울 모양의 발톱을 발가락 끝에 붙여요.

27 짙은 주황색 파스텔로 부리에 무늬를 그려서 토코투칸을 완성합니다.

앵무새 소요시간 2시간 내외
난이도 ★★★★☆

받침대

1 고동색 원형을 준비해요.

2 원형을 납작하게 누르고, 밝은황토색 원형을 준비해요.

아크릴판으로 누르면 더욱 균일하고 납작하게 만들 수 있어요.

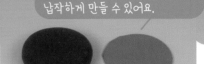

3 지름이 같아지도록 밝은황토색 원형을 납작하게 눌러요.

4 서로 겹친 다음 경계면을 꼬집듯 매만져 원기둥 모양의 지지대를 만들어요.

5 오일 묻힌 송곳으로 그어서 나이테와 나무껍질의 질감을 표현해요.

6 고동색 긴 원기둥을 만든 다음, 송곳으로 그어서 기둥을 준비해요.

7 고동색 납작한 직사각형도 마찬가지로 만들어요.

8 직사각형을 반원 모양으로 구부려 발받침을 준비해요.

표면이 말랐다면 목공풀을 사용해 붙여요.

사이에 이쑤시개를 꽂아 연결하면 더욱 튼튼해요.

9 지지대와 기둥, 발받침을 이어 붙여서 받침대를 완성한 후, 완전히 말려요.

준비물 칼 도구, 송곳, 도트봉, 아크릴판, 가위, 붓과 파스텔, 목공풀, 오일

클레이 색상
- 고동색(노5+빨3+검2)
- 밝은황토색(흰7+황토*3) * 황토색(노8.5+빨1.2+검0.3)
- 빨간색
- 흰색
- 검은색
- 연미색(흰9.7+노0.3)
- 하늘색(흰9+파1)
- 밝은남색(남*8+흰2) * 남색(파6+검4)
- 청록색(파9+노1)
- 진노란색(노9.8+빨0.2)
- 흑갈색(노3.5+빨3.5+검3)

앵무새

1 빨간색 긴 물방울 모양을 준비해요.

2 윗부리와 아랫부리 붙일 자리를 도트봉으로 눌러 홈을 내요.

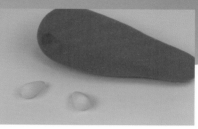

3 흰색 물방울 모양 2개를 준비해요.

4 납작하게 누른 다음, 부리 자리 양옆에 붙여요.

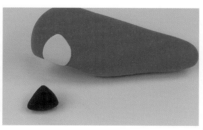

5 검은색 원뿔 모양으로 아랫부리를 준비해요.

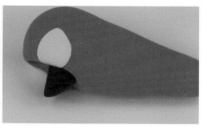

6 아랫부리를 홈의 아랫부분에 넣어 붙여요.

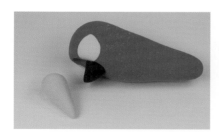

7 연미색 원뿔 모양으로 윗부리를 준비해요.

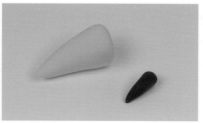

8 검은색 물방울을 준비해요.

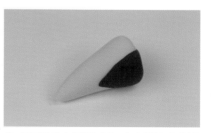

9 물방울을 납작하게 눌러서 윗부리에 붙여 무늬를 표현해요.

검은 무늬가
아래쪽으로
오도록 붙여요.

10 윗부리를 홈에 넣어 붙인 다음, 아래로 구부려요.

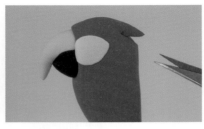

11 머리 뒤쪽에 가위집을 내 깃털을 표현해요.

아래쪽 흰색 원형은 돌출되도록 붙이고, 하늘색은 홈을 내 납작하게 붙여요.

12 흰색, 하늘색, 검은색 원형을 차례로 붙여서 눈동자를 표현해요.

13 검은색 파스텔을 부리 아래에서 위로 쓸어 올리듯 칠해요.

14 빨간색 원형을 준비해요.

15 긴 물방울 모양을 납작하게 눌러 날개 심재를 준비해요.

아크릴판으로 누르면 더욱 균일하고 납작하게 만들 수 있어요.

16 밝은남색으로 납작하고 긴 물방울 모양의 깃털을 준비해요.

깃털 2개는 아래로 처지게 붙여요.

17 같은 방법으로 깃털을 여러 개 만들어 날개 심재의 뾰족한 끝에 붙여요.

18 빨간색 깃털 하나를 위로 삐져나오게 붙여요.

19 청록색 짧은 깃털 여러 개를 만들어요.

20 심재에 깃털을 겹쳐 붙여요.

21 진노란색 깃털도 겹쳐 붙여요.

22 빨간색 깃털을 심재 끝까지 붙여서 날개를 완성해요.

반대쪽 날개는 먼저 만든 날개와 대칭이 되게 만들어요.

23 날개를 하나 더 만들어 몸 양쪽에 붙여요.

24 빨간색 원형을 준비해요.

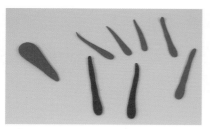

25 납작한 물방울 모양으로 꼬리깃 심재를 만들고, 빨간색과 밝은남색 깃털도 여러 개 만들어요.

심재 아래에서부터 위로 깃털을 붙여요.

26 꼬리깃 심재에 깃털을 붙여 꼬리깃을 완성해요.

27 몸통 뒤쪽에 꼬리깃을 붙여요.

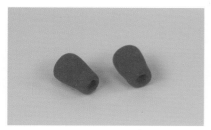

28 빨간색으로 끝이 뭉툭한 원뿔을 2개 만든 다음, 도트봉으로 홈을 내어 허벅지를 준비해요.

29 흑갈색으로 서로 다른 크기의 긴 타원형을 3쌍 준비해요.

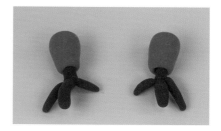

30 제일 긴 것은 홈 안에 넣어 붙이고, 그 양옆에 나머지를 붙여 발가락을 만든 후 구부려요.

31 허벅지를 몸통에 붙인 다음, 발가락에 칼 도구로 자국을 내 질감을 표현해요.

받침대가 말라 잘 붙지 않으면, 목공풀을 사용해 주세요.

32 검은색 물방울을 발가락 끝에 붙여 발톱을 표현하고, 앵무새를 받침대에 붙여요.

33 진노란색 깃털 끝에 초록색 파스텔을, 정수리와 부리에 검은색 파스텔을 칠해서 앵무새를 완성합니다.

1 흰색 긴 물방울 모양의 몸통을 준비해요.

2 흰색 원형을 하나 더 준비해요.

3 타원형으로 만든 후 가운데는 오목하게,
바닥은 평평하게 해서 머리를 준비해요.

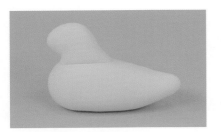

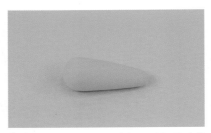

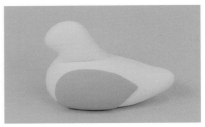

4 몸통 위에 머리를 붙여요.

5 샌드베이지색 긴 물방울 모양을 준비해요.

6 아크릴판으로 납작하게 누른 다음, 몸통
양쪽에 붙여서 몸통 무늬를 만들어요.

아크릴판으로 누르면
더욱 균일하고 납작하게
만들 수 있어요.

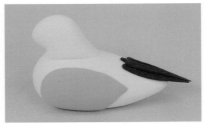

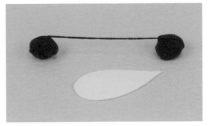

7 흑갈색으로 납작하고 긴 물방울 모양의
깃털을 준비해요.

8 깃털의 동그란 부분이 몸쪽으로 오도록
붙여서 꼬리깃을 표현해요.

9 흰색 납작한 물방울 모양의 깃털과 흑갈
색 긴 줄을 준비해요.

준비물 칼 도구, 도트봉, 밀대, 아크릴판, 가위, 붓과 파스텔

클레이 색상 ● 샌드베이지색(베이지*9.8+흰0.2) * 베이지색(흰9.5+노0.2+빨0.2+검0.1) ● 흑갈색(노3.5+빨3.5+검3)
　　　　　　　● 국방색(노4.8+파3.2+검2)　　● 갈색(노7+빨2.5+검0.5)　　● 남보라색(파5+빨5)
　　　　　　　● 밝은주황색(주황*8+흰2) * 주황색(노8+빨2)　● 파란색　　● 노란색　　● 다홍색(노6+빨4)　● 검은색

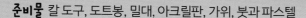

정중앙에 줄을 먼저 붙인 후
그 양옆으로 줄을 하나씩 붙여 나가요.

10 깃털 위에 긴 줄을 부채꼴로 붙여 무늬 깃털을 만들어요.

11 꼬리깃 위로 무늬 깃털을 살짝 세워서 붙여요.

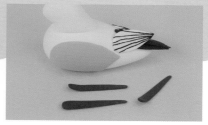

12 국방색 깃털을 3개 준비해요.

13 꼬리깃 위에 국방색 깃털을 붙이고, 반대쪽에 무늬 깃털을 하나 더 붙여요.

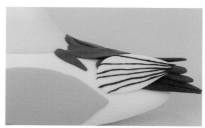

14 갈색 깃털을 만들어 등에 붙여요.

15 흑갈색 타원형을 납작하게 누르고, 흰색 긴 줄 4개를 사선으로 붙여요.

16 몸통 앞쪽에 붙여서 가슴 무늬를 표현해요.

17 남보라색 납작한 물방울 모양의 깃털과 흑갈색 긴 줄을 준비해요.

18 깃털의 한쪽 가장자리에 긴 줄을 붙여요.

131

19 하나 더 대칭으로 준비해 양쪽 어깨에 붙여요.

20 갈색과 국방색을 하프 믹스 기법(10p)으로 섞은 다음, 짧은 깃털을 여러 개 만들어요.

21 등 쪽에 붙여요.

22 밝은주황색으로 납작한 물방울 모양의 깃털을 2개 준비해요.

서로 대칭이 되게 만들어요.

23 물방울의 둥근 부분을 가위로 자르고 파란색 긴 줄을 아크릴판으로 납작하게 눌러 붙인 후, 깃털 모양대로 오려요.

24 노란색 줄을 경계면에 붙여요.

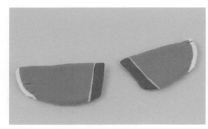

25 흰색 긴 줄을 깃털 끝에 붙이고 가위집을 내요.

26 몸통 양쪽에 붙여요.

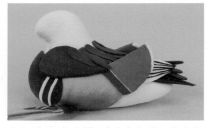

27 갈색 파스텔을 아래에서 위로 쓸어 올리듯 칠해요.

28 밝은주황색으로 얇은 깃털을 여러 개 만들어 준비해요.

29 깃털의 뾰족한 부분이 아래로 퍼진 모양이 되도록 목 양쪽에 붙여요.

30 조금 더 짧은 깃털을 한 겹 더 붙여요.

31 여러 가지 색의 클레이를 얇게 밀어 서로 이어 붙여요.

32 커버 그라데이션 기법(11p)으로 섞어요.

33 사진과 같은 모양으로 자르고 한쪽 끝을 가위로 오려 잔 깃털을 표현해요.

잔 깃털이 목 뒷부분을 향하도록 붙이고, 주둥이 쪽에 남는 클레이는 잘라 내요.

34 준비한 깃털을 목 뒷부분부터 시작해 주둥이까지 붙여요.

35 다홍색 원형을 준비해요.

36 원뿔 모양의 부리를 만들어요.

37 부리를 붙이고 칼 도구로 자국을 내 입을 표현해요.

38 아이보리색 파스텔을 부리 끝에 칠하고, 주황색 파스텔을 얼굴 쪽에 살짝 칠해요.

눈 붙일 자리를 먼저 도트봉으로 눌러 홈을 내요.

39 검은색 타원형을 얼굴 양쪽에 붙여서 눈을 표현해 원앙을 완성합니다.

홍학 (플라밍고)

소요시간 2시간 내외
난이도 ★★★★★

준비물 칼 도구, 송곳, 도트봉, 아크릴판, 가위, 붓과 파스텔, 철사, 목공풀

클레이 색상
○ 분홍색(흰8.5+빨1.5)   ○ 흰색   ● 검은색
○ 연분홍색(흰9.5+빨0.5)   ○ 진분홍색(흰7+빨3)

1 분홍색 긴 물방울 모양의 몸통을 준비해 요.

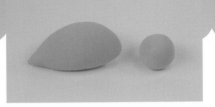

2 분홍색 원형을 준비해요.

3 긴 마이크 모양으로 만들어 머리와 목을 준비해요.

4 목을 S자로 구부리고 적당한 길이로 잘 라요.

5 흰색 짧은 마이크 모양을 준비해요.

6 아크릴판으로 납작하게 눌러요.

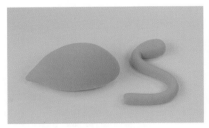

눈이 붙을 자리에 마이크의 손잡이 부분이 오도록 붙여요.

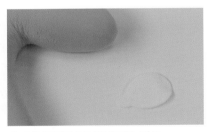

7 하나 더 준비하여 얼굴 양쪽에 붙여요.

8 부리가 붙을 부분을 가위로 잘라 평평하 게 만들어요.

9 분홍색 양쪽 물방울 모양을 아래로 살짝 구부려 아랫부리를 준비해요.

10 납작하게 누른 검은색 클레이의 한쪽을 평평하게 자른 다음, 부리 끝에 씌워 무늬를 표현해요.

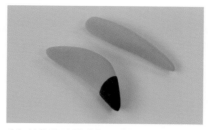

11 분홍색 긴 물방울 모양을 준비해요.

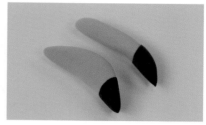

12 아랫부리처럼 살짝 구부리고 검은 무늬를 붙여 윗부리를 만들어요.

> 부리의 검은색 끝부분을 먼저 맞대어 붙여요.

13 두 부리를 이어 붙인 다음, 반대쪽을 평평하게 잘라 부리를 완성해요.

14 얼굴에 부리를 붙여요.

> 눈 붙일 자리를 먼저 도트봉으로 눌러 홈을 내요.

15 파스텔노란색과 검은색 원형을 차례로 붙여 눈동자를 표현하고, 부리 윗부분을 송곳으로 눌러 콧구멍을 만들어요.

> 가위로 자른 후에는 손으로 매만져 모양을 정리해요.

16 몸통 양쪽에 큰 가위집을 내고 벌려서 날개를 만들어요.

17 연분홍색 긴 물방울을 아크릴판으로 납작하게 눌러 깃털을 준비해요.

18 같은 방법으로 연분홍색과 진분홍색 깃털을 여러 개 만들어요.

> 깃털의 뾰족한 부분이 몸통 바깥쪽으로 오도록 붙여요.

19 진분홍색은 몸통 뒤쪽에, 연분홍색은 날개 밑에 붙여요.

20 진분홍색 위로 연분홍색 깃털을 붙여요.

> 깃털의 둥근 부분이 아래로 오도록 붙여요.

21 연분홍색 깃털을 등을 기준으로 양쪽으로 붙여요.

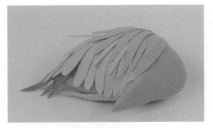

22 분홍색 깃털을 위로 겹쳐 더 붙여요.

23 연분홍색과 분홍색 타원형을 이어 붙여요.

연분홍색 부분은 뾰족하고, 분홍색 부분은 둥글게 해요.

24 긴 물방울 모양으로 만들어 납작하게 눌러서 깃털을 준비해요.

깃털의 분홍색 부분이 몸통으로 오도록 붙여요.

25 여러 개 만들어 날개 위로 붙인 다음, 경계에 물을 소량 묻혀 문질러서 자연스럽게 만들어요.

26 벌려져 있던 날개를 몸통 쪽으로 밀착해 붙여요.

27 몸통에 목을 붙여요.

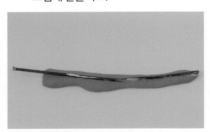

28 살짝 구부린 철사에 목공풀을 아주 소량 묻힌 다음, 진분홍색 클레이로 감싸요.

29 다리 두께를 뺀 나머지는 가위로 잘라요.

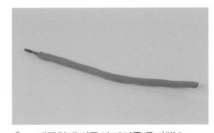

30 매끈하게 다듬어 다리를 준비해요.

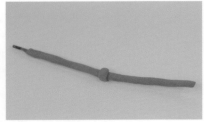

31 진분홍색 줄을 둘러서 무릎을 표현해요.

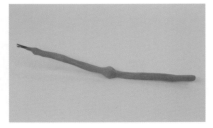

32 무릎 붙인 경계에 물을 소량 묻혀 문질러서 자연스럽게 만들어요.

33 칼 도구로 자국을 내 주름을 표현해요.

진분홍색 원형 하나는 크게 만들어요.

34 분홍색과 진분홍색 원형을 서로 다른 크기로 4개 준비해요.

35 큰 원형은 납작한 물방울 모양의 물갈 퀴로 만들고, 작은 원형은 길게 밀어 발가락으로 만들어요.

빨대로 찍어 내는 방식으로 물갈퀴 모양을 만들어도 좋아요.

36 물갈퀴의 동그란 부분을 가위로 오려 다듬어요.

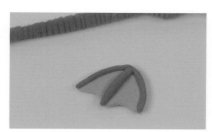

37 물갈퀴 위에 발가락 3개를 붙여 발을 완성해요.

38 하나 더 만든 다음, 다리 아래에 붙여서 완전히 말려요.

39 몸통 아래쪽에 다리를 꽂고, 파스텔을 칠해 입체적으로 홍학을 완성합니다.

PART 4
숲에 사는 동물

청설모

소요시간 2시간 내외
난이도 ★★★☆☆

1 진회색 물방울 모양을 준비해요.

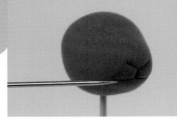

2 송곳으로 그어 코와 인중, 입을 표현해요.

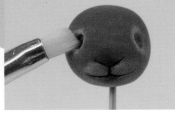

3 아이보리색 파스텔로 눈과 입 주변을 칠하고, 고동색 파스텔로 코와 입을 칠해요.

눈 붙일 자리를 먼저 도트봉으로 눌러 홈을 내요.

4 검은색과 흰색 원형을 차례로 붙여서 빛나는 눈동자를 표현해요.

5 진회색 원형을 2개 준비해요.

6 물방울 모양으로 만들어 납작하게 눌러요.

7 검은색으로 조금 더 크게 2개 만들어요.

8 큰 물방울에 작은 물방울을 얹어 붙여 귀를 만들어요.

9 귀의 가장자리에 가위집을 내 털을 표현하고, 아랫부분을 반으로 접어 귀를 완성해요.

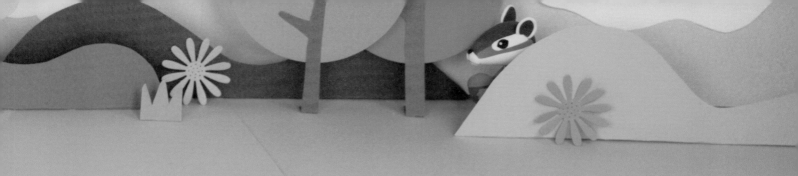

준비물 칼 도구, 송곳, 도트봉, 가위, 붓과 파스텔

클레이 색상 ● 진회색(흰8+검2)   ● 검은색   ○ 흰색
             ○ 우유색(흰9.9+노0.1)   ● 갈색(노7+빨2.5+검0.5)   ● 황토색(노8.5+빨1.2+검0.3)

10 머리 양쪽에 귀를 붙여요.

11 우유색, 진회색 원형을 서로 다른 크기로 준비해요.

12 큰 원형은 물방울 모양으로, 작은 원형은 납작한 물방울로 만들어요.

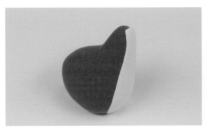

13 물방울을 살짝 구부려 엉덩이가 불룩한 몸통을 만든 다음, 앞쪽에 납작한 물방울을 붙여요.

14 진회색 원형을 서로 다른 크기로 2쌍 준비해요.

칼 도구로 자국을 내 발가락도 표현해요.

15 큰 원형은 반구 모양의 허벅지를 만들고, 작은 원형으로는 한쪽 면이 평평한 타원형 모양의 발을 만들어요.

16 허벅지 아래에 발을 붙인 후 몸통 양쪽에 붙여 뒷다리를 표현해요.

17 몸통에 머리를 붙여요.

도토리 만드는 법은 147p 46~49번을 참고해요.

18 진회색 원형 2개와 도토리를 준비해요.

19 원형을 한쪽이 살짝 얇은 타원형으로 밀어서 앞다리를 만들어요.

20 얇은 부분을 납작하게 누른 다음, 가위집을 내 발가락을 표현해요.

어깨 부분을 매만져 평평하게 만들어요.

21 몸통 양쪽에 붙인 다음, 앞발로 도토리를 쥔 모습을 표현해요.

22 아이보리색 파스텔을 허벅지와 등에 칠하고, 발에 진갈색 파스텔을 칠해요.

23 검은색 원형을 준비해요.

24 긴 물방울 모양의 꼬리로 만들어요.

25 몸통 뒤쪽에 꼬리를 붙여요.

안쪽에서부터 시작해 가위집을 내요.

26 꼬리에 가위집을 내 청설모를 완성합니다.

준비물 칼 도구, 송곳, 도트봉, 아크릴판, 가위, 붓과 파스텔

클레이 색상 ● 황토색(노8.5+빨1.2+검0.3)　○ 흰색　● 검은색
● 갈색(노7+빨2.5+검0.5)　○ 베이지색(흰9.5+노0.2+빨0.2+검0.1)

1 황토색 원형을 매만져서 끝이 뾰족하지 않은 물방울 모양으로 만들어요.

2 흰색 긴 물방울 모양을 준비해요.

아크릴판으로 누르면 더욱 균일하고 납작하게 만들 수 있어요.

3 최대한 얇게 눌러요.

4 물방울의 한쪽 면에 붙여서 얼굴을 만들어요.

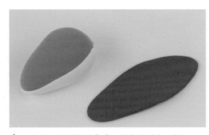

5 갈색 양쪽 물방울을 납작하게 눌러요.

6 한쪽 끝을 평평하게 자른 다음, 평평한 부분을 코끝에 붙여서 뒤통수까지 둘러 붙여요.

7 흰색 원형을 납작하게 눌러 준비해요.

8 주둥이에 붙여요.

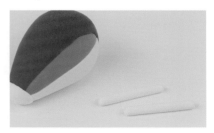

9 흰색 원형 2개를 길게 밀어 준비해요.

143

10 납작하게 눌러요.

11 얼굴 양쪽에 둘러 붙여서 눈가 무늬를 표현해요.

12 눈 붙일 자리를 도트봉으로 눌러 홈을 낸 다음, 검은색 원형을 붙여요.

13 도트봉으로 양쪽 끝을 눌러서 뾰족한 눈으로 표현해요.

14 흰색 원형을 붙여 빛나는 눈동자를 표현해요.

15 검은색 삼각형을 만들어 붙여 코를 표현하고, 송곳으로 그어 입과 인중을 표현해요.

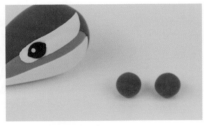

16 갈색 원형을 2개 준비해요.

17 납작한 물방울 모양의 귀를 만들어요.

18 흰색 긴 줄을 2개 준비해요.

19 귀 가장자리에 줄을 둘러 붙여요.

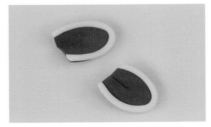

20 칼 도구로 귀 가운데를 누르고, 아래쪽을 가위로 잘라 평평하게 만들어요.

21 얼굴 양쪽에 귀를 붙여요.

22 흰색 원형을 머리보다 크게 준비해요.

23 긴 물방울 모양으로 만들어요.

24 뾰족한 부분을 한쪽으로 구부리고 살짝 눌러서 몸통을 만들어요.

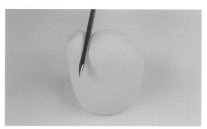

25 위쪽을 송곳으로 눌러 목 뒤쪽을 오목하게 만들어요.

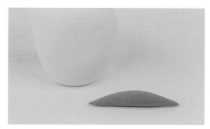

26 황토색 양쪽 물방울을 준비해요.

27 납작하게 누르고 반을 잘라서 반달 모양을 만들어요.

28 몸통 양쪽에 붙여서 무늬를 표현해요.

29 황토색 원형을 길게 밀어 준비해요.

30 납작하게 눌러요.

31 목에서부터 등줄기를 따라 몸통 끝까지 붙여서 무늬를 표현해요.

32 갈색 긴 줄을 구부린 다음, 납작하게 눌러요.

33 몸통 양쪽의 반달무늬 위에 붙여요.

몸통 반대쪽에도
붙여요.

34 같은 방법으로 무늬를 3개 만들어 붙여
요.

35 몸통에 머리를 붙여요.

36 황토색 원형을 2개 준비해요.

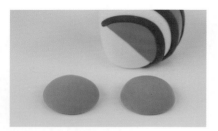

37 반구 모양의 허벅지로 만들어요.

38 허벅지를 몸통 양쪽에 붙여요.

39 황토색 타원형 모양의 발을 2개 준비해
요.

칼 도구로 자국을 내
발가락을 표현해요.

40 한쪽 면을 평평하게 만들어 허벅지 밑
에 붙여요.

41 황토색 원형을 2개 준비해요.

42 황토색 마이크 모양으로 만들어요.

43 양쪽 끝을 납작하게 눌러요.

44 한쪽 끝에 가위집을 내 발가락을 표현
해요.

45 살짝 구부린 다음 몸통 양쪽에 다소곳
이 모아 붙여요.

146

46 갈색과 베이지색 원형을 서로 다른 크기로 준비해요.

47 큰 원형은 둥근 물방울로, 작은 원형은 반구로 만들어요.

48 물방울의 둥근 부분에 반구의 평평한 부분을 붙여요.

49 반구를 송곳으로 콕콕 찔러 도토리를 완성해요.

50 도토리를 앞발 사이에 붙여요.

51 황토색 긴 물방울 모양의 꼬리를 준비해요.

52 갈색 긴 줄을 납작하게 눌러요.

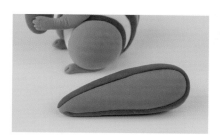

53 긴 줄을 꼬리에 둘러 붙여 무늬를 만들어요.

54 무늬 사이에 긴 줄을 더 붙여요.

55 몸통 뒤쪽에 꼬리를 붙여요.

56 아이보리색 파스텔을 주둥이와 몸통 곳곳에 칠해 다람쥐를 완성합니다.

147

나무늘보

소요시간 2시간 내외
난이도 ★★★★☆

준비물 송곳, 도트봉, 붓과 파스텔

클레이 색상
🔴 붉은진회색(진회*9+빨1) * 진회색(흰8+검2)
⚪ 밝은회색(흰9.7+검0.3)
⚫ 검은색   ⚪ 흰색

1 붉은진회색 타원형을 준비해요.

2 땅콩 모양이 되도록 매만져 머리와 몸통이 나눠지게 해요.

3 도트봉으로 눌러 얼굴이 들어갈 홈을 만들어요.

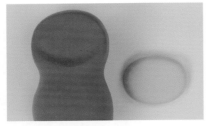

4 밝은회색 타원형의 얼굴을 만든 다음, 아래쪽을 평평하게 만들어요.

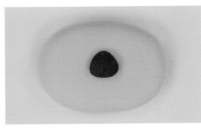

5 검은색 삼각형을 만들어 붙여 코를 표현해요.

6 눈 붙일 자리를 도트봉으로 눌러 홈을 내요.

7 검은색 긴 줄을 납작하게 눌러 띠를 만들어요.

8 눈의 홈에서부터 시작해 세로로 비스듬히 붙여 무늬를 표현해요.

9 검은색 원형을 홈 안에 넣어 붙여요.

148

10 송곳으로 그어 입을 표현해요.

11 흰색 원형을 붙여 반짝이는 눈을 표현해 얼굴을 완성해요.

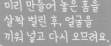
미리 만들어 놓은 홈을 살짝 벌린 후, 얼굴을 끼워 넣고 다시 오므려요.

12 얼굴을 머리의 홈에 넣어 붙여요.

13 붉은진회색 원형을 길게 밀어 다리를 준비해요.

발끝도 살짝 납작하게 눌러요.

14 한쪽 면을 평평하게 매만져서 몸통에 맞닿을 허벅지를 만들어요.

15 밝은회색 긴 물방울 모양의 발톱을 6개 준비해요.

16 발톱 붙일 자리를 도트봉으로 눌러 홈을 낸 다음, 발톱을 넣어 붙여요.

17 몸통 양쪽에 다리를 붙이고, 안쪽으로 오므려요.

18 같은 방법으로 앞다리를 2개 준비해요.

19 몸통 양쪽에 앞다리를 붙여요.

20 검은색 파스텔을 입가를 칠해 나무늘보를 완성합니다.

판다

소요시간 2시간 내외
난이도 ★★★★☆

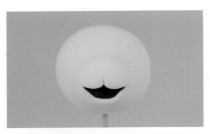

1 우유색 원형을 매만져서 주둥이 부분을 봉긋하게 만들어요.

2 송곳으로 그어 입과 인중을 표현해요.

3 도트봉으로 눌러 입 안쪽을 오목하게 만들어요.

4 입 안쪽에 검은색 클레이를 소량 넣어 도트봉으로 펼쳐 붙여요.

5 검은색 삼각형을 만들어 붙여 코를 표현해요.

6 분홍색 납작한 물방울을 만든 다음, 칼 도구로 가운데를 눌러요.

7 적당한 길이로 자른 다음, 입 안쪽에 붙여서 혀를 표현해요.

8 검은색 파스텔을 혀 안쪽과 인중, 아랫입술에 칠해요.

9 흰색 작은 물방울 4개와 긴 타원형을 살짝 눌러 이빨을 준비해요.

준비물 칼 도구, 송곳, 도트봉, 아크릴판, 가위, 붓과 파스텔

클레이 색상 ● 우유색(흰9.9+노0.1)　● 검은색　● 흰색　● 분홍색(흰8.5+빨1.5)
● 진회색(흰8+검2)　● 베이지색(흰9.5+노0.2+빨0.2+검0.1)　● 진초록색(파5+노4.5+검0.5)

타원형을 가로로 붙여서
칼 도구로 중간중간 누르면
아랫니를 표현할 수 있어요.

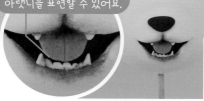

10 물방울 모양은 위아래 2개씩 붙여 송곳니를 표현하고, 아래 송곳니 사이에 타원형을 붙여서 아랫니를 표현해요.

11 검은색 원형을 2개 준비해요.

12 타원형으로 만든 다음, 아크릴판으로 납작하게 눌러서 무늬를 만들어요.

눈 붙일 자리를 먼저
도트봉으로 눌러 홈을 내요.

13 얼굴 양쪽에 비스듬하게 붙여서 눈 무늬를 표현해요.

14 진회색, 검은색, 흰색 원형을 차례로 붙여서 빛나는 눈동자를 표현해요.

15 검은색 원형을 2개 준비해요.

16 납작하게 누르고, 안쪽을 도트봉으로 굴려 오목한 귀를 만들어요.

17 아랫부분을 살짝 자른 후 머리 양쪽에 붙여요.

18 우유색 원형을 머리보다 크게 준비해요.

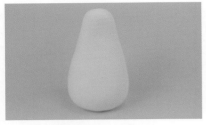

19 끝이 뾰족하지 않은 물방울 모양의 몸통을 만들어요.

20 몸통에 머리를 붙여요.

21 검은색 클레이를 길게 민 다음, 가운데를 살짝 얇게 매만져요.

아크릴판으로 누르면 더욱 균일하고 납작하게 만들 수 있어요.

22 납작하게 눌러 가슴 무늬를 준비해요.

23 얇은 부분이 가슴 중앙에 오도록 하여 가슴 무늬를 둘러 붙여요.

24 검은색 원형을 2개 준비해요.

25 타원형 모양의 뒷다리를 만들어요.

26 몸통에 붙일 부분과 발바닥을 평평하게 매만져요.

27 몸통 양쪽에 뒷다리를 붙여요.

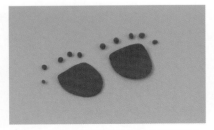

28 진회색 타원형 2개를 각각 납작하게 눌러 한쪽 끝을 반듯하게 자르고, 작은 원형 10개를 준비해요.

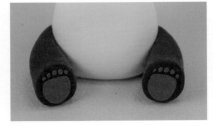

29 발바닥에 붙여요.

30 흰색 반구 모양의 꼬리를 만들어 몸통 뒤쪽에 붙여요.

31 베이지색 긴 줄과 진초록색 양쪽 물방울을 납작하게 눌러 여러 개 준비해요.

32 베이지색 긴 줄에 진초록색을 붙여서 대나무 가지를 표현해요.

33 같은 방법으로 여러 개 만들어요.

34 검은색 원형을 2개 준비해요.

35 한쪽이 살짝 얇은 타원형 모양의 앞다리를 준비해요.

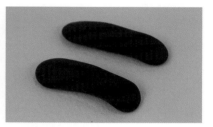

36 양쪽 끝을 납작하게 눌러요.

37 몸통 양쪽에 앞다리를 붙여요.

38 대나무 가지를 움켜쥔 모습으로 판다를 완성합니다.

레서판다

소요시간 2시간 내외
난이도 ★★★★☆

준비물 송곳, 도트봉, 아크릴판, 가위, 붓과 파스텔, 낚싯줄

클레이 색상 진다홍색(다홍*9.8+검0.2) * 다홍색(노6+빨4)
흰색　검은색
붉은고동색(노4+빨4+검2)　연미색(흰9.7+노0.3)

1 진다홍색 타원형은 살짝 누르고, 흰색 원형을 길게 밀어 준비해요.

2 흰색을 아크릴판으로 납작하게 눌러요.

3 타원형 아래쪽에 붙여 얼굴 무늬를 표현해요.

4 흰색 반구를 만들어 얼굴 무늬 위에 붙여서 주둥이를 표현해요.

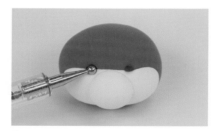

5 눈 붙일 자리를 도트봉으로 눌러 홈을 내요.

6 검은색 원형을 붙여 코를 표현하고, 송곳으로 그어 입과 인중을 표현해요.

7 흰색 물방울 2개를 준비해요.

8 납작하게 누르고 둥근 부분에 가위집을 낸 다음, 홈 위로 붙여서 눈썹 털을 표현해요.

9 붉은고동색 원형을 2개 준비해요.

10 길게 밀어 살짝 구부려요.

아크릴판으로 누르면 더욱 균일하고 납작하게 만들 수 있어요.

11 납작하게 눌러요.

12 턱 아래에서 시작해 주둥이 주위로 둘러 붙여서 눈의 홈 안에서 마무리해요.

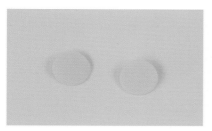

13 연미색 원형 2개를 납작하게 눌러요.

14 홈 바깥으로 살짝 튀어나오게 붙여요.

15 검은색과 흰색 원형을 차례로 붙여서 빛나는 눈동자를 표현해요.

탄성이 없는 낚싯줄을 사용하면 좋아요.

16 낚싯줄을 꽂아 수염을 표현해요.

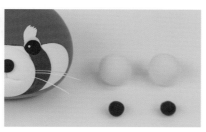

17 연미색과 검은색 원형을 서로 다른 크기로 2쌍 준비해요.

18 물방울 모양으로 만든 다음, 납작하게 눌러요.

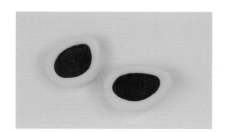

19 서로 겹쳐 붙여서 귀를 만들어요.

20 둥근 쪽을 잘라 낸 다음, 얼굴 양쪽에 붙여요.

21 진다홍색 작은 물방울을 납작하게 눌러서 3개 준비해요.

22 귀 아래쪽에 모아 붙여서 털을 표현해
요.

23 같은 방법으로 위쪽과 반대편 귀에도
붙여요.

24 연미색 납작한 물방울을 3개씩 붙여서
털 뭉치 2개를 준비해요.

25 귀 아래쪽의 갈색 털 뒤로 붙여요.

26 붉은고동색 원형을 머리보다 크게 준
비해요.

27 물방울 모양의 몸통을 만들어요.

28 몸통의 뾰족한 부분을 평평하게 만든
다음, 그 위로 머리를 붙여요.

29 검은색 긴 물방울 모양 2개를 준비해
요.

30 뾰족한 부분은 납작하게 누르고, 둥근
부분은 평평하게 매만져 뒷다리를 만
들어요.

31 몸통 양쪽에 뒷다리를 붙여요.

32 진다홍색 원형 1개는 크게, 5개는 작게
준비해요.

33 납작하게 누른 다음 발바닥에 붙여서
발바닥 패드를 표현해요.

156

34 검은색 원형을 2개 준비해요.

35 긴 타원형으로 만든 다음, 한쪽 끝을 납작하게 누르고 가위집을 내 매만져서 발가락을 표현해요.

36 몸통에 붙일 부분을 사선으로 잘라요.

37 몸통 양쪽에 만세 하는 것처럼 붙여서 앞다리를 표현해요.

38 앞에서와 마찬가지로 발바닥 패드를 붙여요.

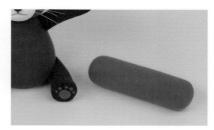

39 진다홍색 긴 타원형을 준비해요.

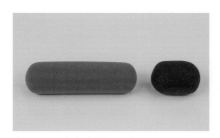

40 검은색 타원형을 준비해요.

41 각 타원형의 한쪽 면을 평평하게 한 다음, 평평한 부분끼리 이어 붙여요.

42 검은색 긴 줄을 납작하게 눌러요.

다 붙인 다음, 손바닥으로 한 번 더 밀어 밀착시켜요.

43 일정한 간격으로 둘러 붙여 꼬리를 만들어요.

44 꼬리를 살짝 구부려요.

45 몸통 뒤쪽에 꼬리를 붙여 레서판다를 완성합니다.

코알라

소요시간 2시간 내외
난이도 ★★★★☆

1 진회색과 우유색 원형을 겹쳐서 준비해요.

2 그라데이션 기법(10p)으로 섞어 동그란 얼굴을 만들어요.

3 우유색 타원형을 납작하게 눌러 얼굴에 세로로 붙여요.

오일을 묻혀서 타원형 모양이 망가지지 않도록 그림 그리듯 그어 가며 눌러요.

4 타원형의 절반 아래쪽을 도트봉으로 눌러 움푹 들어가게 해요.

5 검은색 타원형을 살짝 눌러 코를 만든 다음, 얼굴 가운데 붙여요.

눈 붙일 자리를 먼저 도트봉으로 눌러 홈을 내요.

6 우유색, 검은색, 흰색을 차례로 붙여서 빛나는 눈동자를 표현해요.

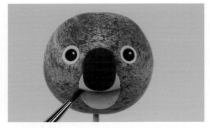

7 검은색 파스텔을 움푹 들어간 곳에 칠해 입을 표현해요.

8 분홍색과 그라데이션 원형을 서로 다른 크기로 2쌍 준비해요.

9 납작하게 누르고 겹쳐 붙여서 귀를 만들어요.

준비물 도트봉, 가위, 붓과 파스텔

클레이 색상　● 진회색(흰8+검2)　　○ 우유색(흰9.9+노0.1)
　　　　　　　● 검은색　　　　　　○ 흰색　　　　○ 분홍색(흰8.5+빨1.5)

도트봉에 오일을 묻히면
클레이가 밀리지 않아요.

10 안쪽을 도트봉으로 굴려 오목한 귀를 만들어요.

11 한쪽을 살짝 잘라 낸 다음, 머리 양쪽에 붙여요.

12 귀 가장자리를 가위 끝으로 살짝 가위집을 내서 잔털을 표현해요.

13 그라데이션 원형을 머리보다 크게 준비해요.

14 끝이 뾰족하지 않은 물방울 모양의 몸통을 만들어요.

15 우유색 긴 타원형을 만들어 납작하게 눌러요.

16 타원형 가장자리에 가위집을 내서 잔털을 표현해요.

17 몸통 앞쪽에 붙여서 배를 표현해요.

18 그라데이션 원형을 서로 다른 크기로 2쌍 준비해요.

19 큰 원형은 반구 모양의 허벅지를 만들고, 작은 원형으로는 한쪽 면이 평평한 타원형 모양의 발을 만들어요.

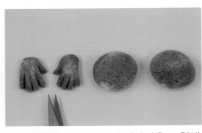

20 발끝을 가위로 오려 발가락을 표현해요.

21 몸통 양쪽에 허벅지와 발을 붙여 뒷다리를 표현해요.

22 발가락 끝에 작은 홈을 만든 다음, 검은색으로 작은 물방울 모양을 넣어 붙여 발톱을 표현해요.

23 그라데이션으로 반구 모양의 꼬리를 만들어 몸통 뒤쪽에 붙여요.

24 그라데이션 원형을 2개 준비해요.

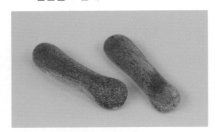

25 길게 민 다음, 한쪽 끝을 납작하게 눌러 앞다리를 만들어요.

26 납작한 부분을 가위로 오려서 발가락을 표현해요.

27 뒷다리와 같은 방법으로 발톱을 넣어 붙여요.

28 몸통 양쪽에 앞다리를 붙여요.

29 몸통에 머리를 붙여 코알라를 완성합니다.

준비물 칼 도구, 송곳, 도트봉, 가위, 붓과 파스텔

클레이 색상 ● 붉은베이지색(흰7+빨1.5+노1+검0.5) ● 흑갈색(노3.5+빨3.5+검3) ● 검은색
● 푸른분홍색(분홍*9.9+파0.1) * 분홍색(흰8.5+빨1.5) ○ 흰색

1 붉은베이지색 원형을 매만져서 주둥이 부분을 봉긋하게 만들어요.

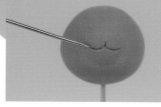

2 송곳으로 그어 입과 인중을 표현해요.

3 입 아래를 도트봉으로 눌러 입 안쪽을 오목하게 표현해요.

4 흑갈색 원형을 붙여 코를 표현하고, 눈 붙일 자리를 도트봉으로 눌러 홈을 내요.

5 검은색 클레이를 입 안쪽에 넣고 도트봉으로 펼치며 눌러요.

끝부분은 자국을 내지 않아요.

6 푸른분홍색 타원형을 납작하게 누르고, 가운데를 칼 도구로 눌러 혀를 만들어요.

7 적당한 길이로 잘라서 입 안쪽에 붙여요.

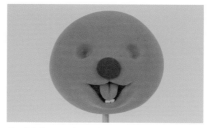

8 흰색으로 아주 작은 사각형을 만들어 붙여 아랫니를 표현해요.

9 검은색과 흰색 원형을 차례로 붙여서 빛나는 눈동자를 표현해요.

10 검은색 파스텔을 바깥에서 안쪽으로 쓸어내리듯 칠해요.

11 붉은베이지색 원형을 2개 준비해요.

12 물방울 모양을 납작하게 누르고 동그란 부분을 가위로 잘라 낸 다음, 머리 양쪽에 붙여서 귀를 표현해요.

13 귀 바깥쪽에도 파스텔을 칠해요.

14 붉은베이지색 원형을 머리보다 크게 준비해요.

15 물방울 모양의 몸통을 만들어요.

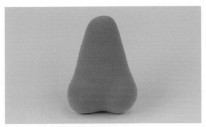

16 아랫부분 가운데를 살짝 누르고 매만져서 양쪽 허벅지가 생기도록 해요.

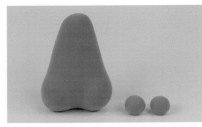

17 붉은베이지색 원형을 2개 준비해요.

18 한쪽 면이 평평한 타원형으로 만들고, 끝부분에 가위집을 내 발가락을 표현해요.

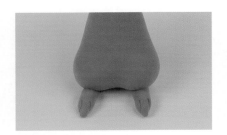

19 허벅지 아래에 발을 붙여요.

허벅지 라인을 따라 칠해서 입체감을 살려요.

전체를 칠해요.

20 검은색 파스텔을 몸통 바깥에서 안쪽으로 쓸어내리듯 칠해요.

21 몸통 위에 머리를 붙여요.

22 붉은베이지색 원형을 3개 준비해요.

하나를 살짝
작게 만들어요.

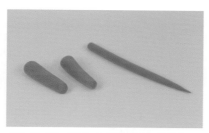

23 두 개는 한쪽이 살짝 얇은 타원형으로 만들고, 작은 하나는 한쪽이 뾰족하게 밀어 꼬리를 만들어요.

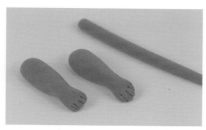

24 타원형의 얇은 부분을 납작하게 누르고 가위집을 내서 앞발을 만들어요.

25 몸통 양옆에 앞발을 붙이고, 뒤쪽에는 꼬리를 붙여요.

26 목과 앞발, 꼬리에 검은색 파스텔을 칠해 쿼카를 완성합니다.

고릴라 소요시간 1시간 30분 내외
난이도 ★★★★☆

준비물 칼 도구, 송곳, 도트봉, 가위, 붓

클레이 색상 ● 검은색   ● 갈색(노7+빨2.5+검0.5)
○ 흰색

1 검은색 물방울 모양을 준비해요.

2 물방울의 동그란 부분을 손가락으로 당기듯 매만지고 주변을 오목하게 만들어서 봉긋한 주둥이를 표현해요.

3 칼 도구로 자국을 내 입을 표현해요.

4 도트봉으로 눌러 눈 주위를 움푹하게 만들고, 콧구멍도 표현해요.

먼저 만든 홈보다 작게 만들어요.

5 한 번 더 도트봉으로 눌러 눈 붙일 자리에 홈을 내요.

6 갈색, 검은색, 흰색 원형을 차례로 붙여서 빛나는 눈동자를 표현해요.

송곳에 오일을 바르면 깔끔하게 표현할 수 있어요.

7 송곳으로 머리 위에서 아래로 긁어 머리털을 표현해요.

8 검은색 원형 2개를 준비해요.

9 납작하게 누르고, 안쪽을 도트봉으로 눌러 오목한 귀를 만들어요.

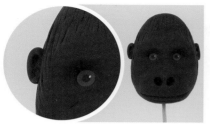

10 귀의 한쪽을 잘라 평평하게 만든 후 얼굴 양쪽에 붙여요.

11 검은색 원형을 머리보다 크게 준비해요.

12 긴 타원형으로 만들어요.

다음 과정에서 매만지며 길어지니, 생각한 다리 길이보다 짧게 잘라요.

13 타원형 한쪽을 가위집을 내 다리를 나눠요.

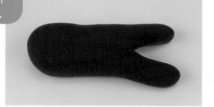

14 양쪽 다리를 벌리고 손으로 매만져 다리를 만들어요.

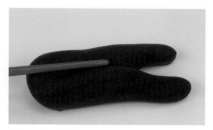

15 가운데를 붓대로 눌러 굴곡을 표현해요.

16 뒷다리를 꺾어 내려요.

한 방향으로 그어야 해요.

17 오일 묻힌 송곳으로 그어 털을 표현해요.

18 몸통에 머리를 붙여요.

19 검은색 원형을 2개 준비해요.

20 물방울 모양으로 만든 다음, 동그란 부분의 한쪽 면을 평평하게 다듬어요.

21 송곳으로 그어 털을 표현해요.

22 몸통 양쪽에 붙여서 팔을 표현해요.

23 검은색 원형을 서로 다른 크기로 2쌍 준비해요.

24 큰 원형은 마이크 모양으로, 작은 원형은 물방울 모양으로 만들어요.

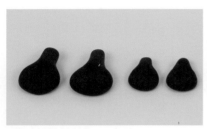

25 마이크와 물방울 모양의 동그란 부분을 납작하게 눌러요.

엄지와 검지 사이는 세모나게 오려 내고, 나머지 손가락은 가위집을 내 구분해요.

26 가위로 오려서 손발을 만들어요.

27 큰 것은 주먹을 쥔 것처럼 구부려서 팔에 붙이고, 작은 것은 평평한 그대로 다리에 붙여서 고릴라를 완성합니다.

침팬지

준비물 칼 도구, 도트봉, 가위, 붓과 파스텔

클레이 색상 ● 흑갈색(노3.5+빨3.5+검3)

● 밝은황토색(흰7+황토*3) * 황토색(노8.5+빨1.2+검0.3)

● 갈색(노7+빨2.5+검0.5) ● 검은색 ○ 흰색

1 흑갈색 원형을 준비해요.

2 밝은황토색 원형을 서로 다른 크기로 2개 준비해요.

3 작은 원형은 가운데를 붓대로 굴려 땅콩 모양으로 만들고, 큰 원형은 물방울 모양으로 만들어요.

4 땅콩 모양은 납작하게 누르고, 물방울은 한쪽 면을 평평하게 다듬어요.

5 땅콩 모양을 가로로 붙인 다음, 물방울 모양을 겹쳐 붙여서 얼굴 모양을 만들어요.

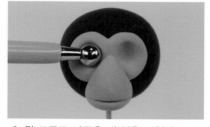

6 칼 도구로 자국을 내 입을 표현하고, 도트봉으로 눌러 눈 주위를 움푹하게 만들어요.

도트봉으로 눌러 콧구멍도 만들어요.

7 머리 가장자리에 가위집을 내 털을 표현해요.

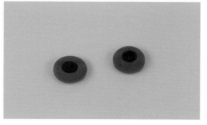

8 갈색과 검은색 원형을 납작하게 누르고 겹쳐 붙여서 눈을 준비해요.

9 밝은황토색을 양쪽 물방울로 만든 다음, 눈 한쪽에 붙여서 아래쪽 눈꺼풀을 표현해요.

167

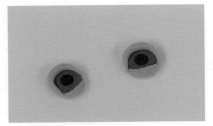

10 같은 방법으로 양쪽 물방울을 좀 더 길게 만들어 붙여 위쪽 눈꺼풀을 표현해 눈을 완성해요.

11 움푹한 홈 안에 눈을 붙이고, 송곳으로 그어 눈 밑 주름을 표현해요.

12 흰색 원형을 동공 위에 붙여 빛나는 눈 동자를 표현해요.

13 밝은황토색 원형을 2개 준비해요.

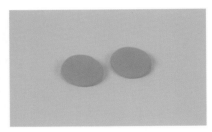

14 납작하게 눌러요.

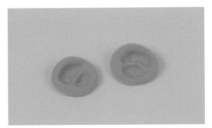

15 도트봉으로 눌러서 귀를 표현해요.

16 얼굴 양쪽에 귀를 붙여요.

17 진갈색 파스텔을 얼굴 곳곳에 칠하고, 분홍색 파스텔을 입 주위에 칠해요.

18 흑갈색 원형을 머리보다 크게 준비해요.

19 긴 물방울로 만들어요.

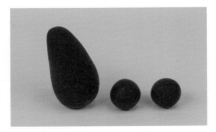

20 흑갈색 원형을 2개 준비해요.

21 물방울 모양으로 만들고 한쪽 면을 평평하게 다듬어 허벅지를 준비해요.

22 몸통 양쪽에 허벅지를 붙여요.

23 몸통과 허벅지에 가위집을 가늘고 짧게 내 잔털을 표현해요.

24 흑갈색 원형을 2개 준비해요.

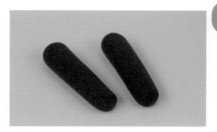

25 길게 밀어 팔을 만들어요.

팔을 바닥에 놓은 상태로 붙여요.

26 몸통 양쪽에 팔을 붙여요.

27 가위집을 내 털을 표현해요.

28 몸통에 머리를 붙여요.

29 밝은황토색 원형을 4개 준비해요.

엄지와 검지 사이는 세모나게 오려 내고, 나머지 손가락은 가위집을 내 구분해요.

30 마이크 모양으로 만들어 동그란 부분을 납작하게 누른 다음, 가위로 오려 손발을 만들어요.

28 팔다리에 손발을 붙여서 침팬지를 완성합니다.

오랑우탄
소요시간 1시간 30시간 내외
난이도 ★★★★☆

준비물 칼 도구, 송곳, 도트봉, 가위, 붓과 파스텔, 목공풀

클레이 색상
- 갈색(노7+빨2.5+검0.5)
- 밝은황토색(흰7+황토*3) * 황토색(노8.5+빨1.2+검0.3)
- 검은색
- 흰색

1 갈색 타원형을 준비해요.

2 한쪽 면이 평평한 반구로 만들어요.

3 밝은황토색 원형을 준비해요.

4 타원형으로 만든 다음, 한쪽을 납작하게 눌러 주둥이가 튀어나온 얼굴을 표현해요.

5 반구의 평평한 면에 얼굴을 붙여요.

6 칼 도구로 자국을 내 입을 표현해요.

7 도트봉으로 찍어 콧구멍을 표현해요.

8 갈색 파스텔을 얼굴 위에서 아래로 쓸어 내리듯 칠해요.

9 눈 붙일 자리를 도트봉으로 눌러 홈을 내요.

170

10 밝은황토색으로 작은 물방울 2개를 만든 다음, 눈 위에 붙여 눈썹을 표현해요.

11 눈썹, 콧구멍, 입 라인을 따라 갈색 파스텔을 칠해요.

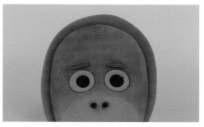

12 밝은황토색과 검은색 원형을 차례로 붙여서 눈동자를 표현해요.

13 송곳으로 동공 위를 그어 쌍꺼풀을 표현해요.

14 밝은황토색 원형을 2개 준비해요.

15 납작하게 누른 다음, 가위로 살짝 잘라내요.

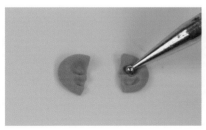

16 도트봉으로 눌러서 귀를 표현해요.

동공에 흰색 원형을 붙여 빛나는 눈동자를 표현해요.

17 얼굴 양쪽에 귀를 붙이고 갈색 파스텔을 칠해요.

18 머리 군데군데 얇고 깊게 가위집을 내 털을 표현해요.

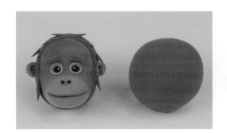

19 갈색 원형을 머리보다 크게 준비해요.

20 역삼각형 모양의 몸통으로 만들어요.

가위집을 위에 먼저 낸 후 아래로 겹쳐 내려가며 내요.

21 가위집을 내 털을 표현해요.

22 몸통에 머리를 붙여요.

23 갈색 원형을 길게 밀어요.

24 'V'자로 구부려 두 다리를 만들어요.

25 몸통과 발이 붙을 곳을 평평하게 매만져요.

26 가위집을 내 털을 표현해요.

27 밝은황토색 타원형을 서로 다른 크기로 2쌍 준비해요.

28 큰 타원형을 납작하게 눌러요.

29 가위로 잘라 발가락을 만들어요.

30 작은 타원형을 붙여 엄지발가락을 표현해요.

31 다리 아래에 발을 붙이고 완전히 굳혀요.

목공풀로 붙여 주세요.

32 몸통 아래로 다리를 붙여요.

33 갈색 원형을 2개 준비해요.

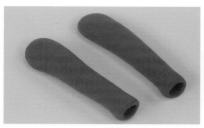

34 길게 밀어 한쪽은 납작하게 누르고, 한쪽에는 홈을 만들어요.

35 가위집을 내 털을 표현해요.

36 몸통 양쪽에 붙여 팔을 만들어요.

37 발과 같은 방법으로 손을 만들어요.

38 팔의 홈에 손을 넣어 붙여 오랑우탄을 완성합니다.

알락꼬리여우원숭이

소요시간 2시간 내외
난이도 ★★★★☆

준비물 송곳, 아크릴판, 가위, 붓과 파스텔, 철사

클레이 색상 ⬤우유색(흰9.9+노0.1) ⬤진회색(흰8+검2) ⬤검은색 ⬤흰색
⬤밝은황토색(흰7+황토*3) * 황토색(노8.5+빨1.2+검0.3) ⬤주황색(노8+빨2)

1 우유색과 진회색을 8:2로 그라데이션 기법(10p)으로 섞어 원형을 준비해요.

2 주둥이 부분을 매만져서 봉긋하게 만들어요.

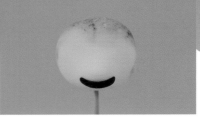

3 검은색 타원형을 살짝 구부려 납작하게 누른 다음, 주둥이 아래에 붙여요.

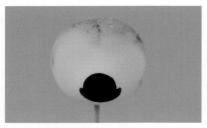

4 검은색 원형을 납작하게 눌러 주둥이 끝에 붙여요.

5 납작한 타원형을 만들어 연결해 붙인 다음, 동그란 코를 만들어 붙여요.

6 검은색 원형을 납작하게 누른 다음, 얼굴에 붙여 눈 무늬를 표현해요.

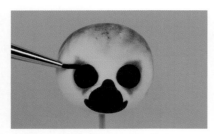

7 검은색 파스텔을 눈 주위로 칠해요.

8 밝은황토색, 검은색, 흰색 원형을 차례로 붙여서 빛나는 눈동자를 표현해요.

9 진회색 원형을 2개 준비해요.

174

10 물방울 모양으로 만들어 납작하게 눌러요.

11 물방울의 동그란 부분을 반으로 살짝 접어 귀를 만들어요.

귀를 뒤집어서 털을 붙여요.

12 우유색 긴 물방울 모양을 납작하게 눌러 털을 만든 다음, 귀 바깥쪽에 붙여요.

털은 아크릴판으로 눌러 만들면 편해요.

13 털을 여러 개 붙여서 귀를 완성해요.

14 하나 더 만들어 얼굴 양쪽에 붙여요.

15 우유색, 진회색, 주황색을 4:5:1 비율로 준비해요.

16 그라데이션 기법으로 섞어서 원형을 준비해요.

17 긴 물방울 모양의 몸통을 만들어요.

18 우유색 긴 물방울 모양을 준비해요.

뾰족한 부분은 잘라 내요.

19 아크릴판으로 납작하게 누른 뒤 몸에 붙여 배를 표현해요.

20 같은 방법으로 그라데이션 원형을 2개 준비해요.

21 타원형으로 만든 다음, 한쪽 면을 평평하게 매만져 허벅지를 만들어요.

22 몸통 양쪽에 허벅지를 붙여요.

23 그라데이션 원형을 2개 준비해요.

24 물방울 모양을 만든 다음 납작하게 눌러요.

엄지와 검지 사이는 세모나게 오려 내고, 나머지 손가락은 가위집을 내 구분해요.

25 가위로 오려 내 발을 완성해요.

26 허벅지 아래에 발을 붙여요.

27 몸통 위에 머리를 붙여요.

28 그라데이션 원형을 2개 준비해요.

29 길게 밀어 팔을 만들어요.

30 우유색 원형을 길게 밀고 납작하게 눌러요.

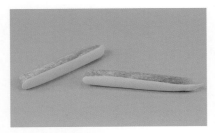

31 팔 위에 붙여요.

32 한쪽 끝을 손가락으로 꼬집어 납작하게 만들어요.

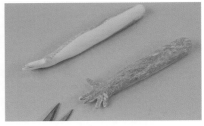

33 가위로 오려 내 손가락을 표현해요.

손을 바닥에 놓은 상태로 붙여요.

34 몸통 양쪽에 팔을 붙여요.

35 우유색 원형을 준비해요.

36 길게 밀어 꼬리를 만들어요.

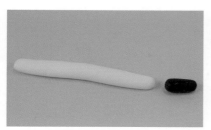

37 검은색 타원형을 만들어 이어 붙여요.

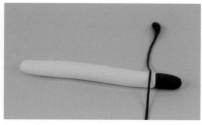

38 검은색 줄을 만들어 꼬리에 둘러 붙여요.

39 얇고 굵게 줄무늬를 만든 다음, 손바닥으로 굴려 무늬를 밀착시켜요.

40 꼬리에 철사를 꽂은 다음, 오일 묻힌 송곳으로 그어 털을 표현해요.

41 꼬리를 구부려 몸통 뒤쪽에 붙여서 알락꼬리여우원숭이를 완성합니다.

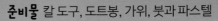

맨드릴개코원숭이

소요시간 2시간 내외
난이도 ★★★★☆

준비물 칼 도구, 도트봉, 가위, 붓과 파스텔

클레이 색상
- 흑갈색(노3.5+빨3.5+검3)
- 갈색(노7+빨2.5+검0.5)
- 하늘색(흰9+파1)
- 연미색(흰9.7+노0.3)
- 밝은빨간색(빨8+흰2)
- 검은색
- 흰색
- 황색(진노란*9.9+검0.1) * 진노란색(노9.8+빨0.2)

1 흑갈색 물방울 모양을 준비해요.

2 주둥이 부분을 봉긋하게 만들어요.

3 칼 도구로 자국을 내 입을 표현해요.

4 머리 위쪽에 가위집을 내 머리털을 표현
해요.

5 밝은빨간색 원형을 준비해요.

6 긴 마이크 모양으로 만든 후 납작하게 눌
러요.

7 얼굴 가운데에 붙여서 코를 표현해요.

8 도트봉으로 눌러 콧구멍을 표현해요.

눈 붙일 자리를 먼저
도트봉으로 눌러 홈을 내요.

9 갈색, 검은색, 흰색 원형을 차례로 붙여
서 빛나는 눈동자를 표현해요.

178

10 하늘색 원형을 2개 준비해요.

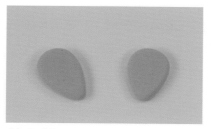

11 물방울 모양으로 만든 후 납작하게 눌러요.

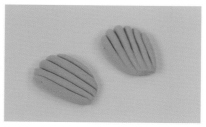

12 칼 도구로 눌러 무늬를 표현해요.

13 무늬의 뾰족한 부분을 코 모양에 맞춰 자른 후, 코 양쪽으로 붙여요.

14 흑갈색 납작한 삼각형 모양의 귀를 만들어요.

15 머리 양쪽에 귀를 붙여요.

16 아이보리 파스텔로 입 주변을 칠하고, 황토색 파스텔로 머리끝을 칠해요.

17 황색 원형을 2개 준비해요.

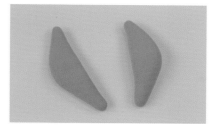

18 양쪽 물방울로 만든 후 살짝 구부리고 눌러서 얼굴 털을 만들어요.

19 얼굴 양쪽을 감싸듯 붙여요.

20 가장자리와 중간에 군데군데 가위집을 내 잔털을 표현해요.

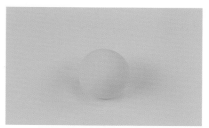

21 연미색 원형을 준비해요.

22 양쪽 물방울로 만든 다음, 구부리고 납작하게 눌러 아래턱 털을 만들어요.

23 아래턱을 감싸듯 붙여요.

24 군데군데 가위집을 낸 잔털을 표현해요.

25 흑갈색 원형을 머리보다 크게 준비해요.

26 물방울 모양의 몸통으로 만들어요.

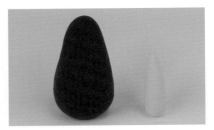

27 연미색 긴 물방울을 준비해요.

28 몸통 윗부분에 가위집을 낸 잔털을 표현하고, 연미색 물방울은 납작하게 눌러요.

29 잔털 아래쪽으로 흰색 물방울을 넣어 붙여 배털을 표현해요.

30 배털 중간중간 가위집을 낸 잔털을 표현해요.

31 흑갈색 원형을 2개 준비해요.

32 타원형으로 만들고 살짝 눌러 허벅지를 준비해요.

33 몸통 양쪽에 허벅지를 붙여요.

34 허벅지의 가장자리에 가위집을 내 잔 털을 표현해요.

35 흑갈색 원형을 서로 다른 크기로 2쌍 준비해요.

36 타원형으로 만들어요.

37 큰 타원형은 납작하게 누르고 가위집 을 내 발가락 4개를 만들고, 작은 타원 형은 측면에 붙여 엄지를 표현해요.

38 허벅지 아래에 발을 붙여요.

39 흑갈색 원형을 2개 준비해요.

40 긴 타원형으로 만들어요.

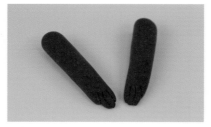

41 타원형의 한쪽 끝을 납작하게 누르고 가위집을 내 손가락을 표현해요.

42 팔을 구부린 후 몸통 양쪽에 붙인 다음, 양손을 다소곳하게 모아요.

43 팔 군데군데 가위집을 내 잔털을 표현 해요.

44 아이보리색 파스텔을 몸 곳곳에 칠해 요.

45 몸통에 머리를 붙여 맨드릴개코원숭이 를 완성합니다.

담비

준비물 칼 도구, 송곳, 도트봉, 가위, 붓과 파스텔

클레이 색상 ● 고동색(노5+빨3+검2)
○ 겨자색(흰8+노1+황토*1) * 황토색(노8.5+빨1.2+검0.3)
● 검은색   ○ 흰색

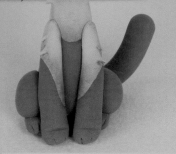

1 고동색 원형을 매만져서 주둥이 부분을 봉긋하게 만들어요.

2 얼굴 위쪽을 살짝 눌러서 역삼각형 모양으로 만들어요.

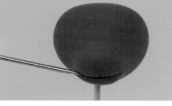

3 송곳으로 그어 입과 인중을 표현해요.

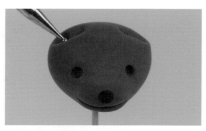

4 검은색 원형을 붙여 코를 표현하고, 눈과 귀가 붙을 자리를 도트봉으로 눌러 홈을 내요.

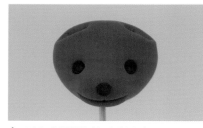

5 검은색 원형을 홈 안에 붙여요.

6 고동색과 겨자색 원형을 서로 다른 크기로 2쌍 준비해요.

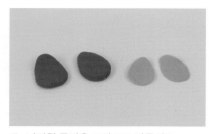

7 납작한 물방울 모양으로 만들어요.

8 큰 물방울 위에 작은 물방울을 얹어 붙여요.

도트봉에 오일을 묻히면 클레이가 밀리지 않아요.

9 물방울의 안쪽을 도트봉으로 굴려 오목한 귀를 만들어요.

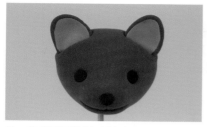

10 홈 안에 귀를 넣어 붙여요.

11 흰색 원형을 동공에 붙여 빛나는 눈동자를 표현해요.

12 고동색 물방울을 납작하게 눌러 귀 안쪽에 2개씩 붙여 잔털을 표현해요.

13 검은색 얇은 줄로 수염을 준비해요.

14 수염 끝을 송곳을 사용해 수직으로 찔러 넣어요.

15 아이보리색 파스텔을 눈썹과 콧잔등에 칠해요.

16 겨자색과 고동색 원형을 서로 다른 크기로 준비해요.

17 물방울 모양으로 만들어요.

18 큰 물방울의 뾰족한 부분과 작은 물방울의 동그란 부분을 평평하게 만든 후, 이어 붙여 하나의 물방울로 만들어요.

19 서로 밀착되도록 다시 한 번 물방울 모양으로 밀어요.

20 뾰족한 부분을 잘라서 원하는 몸통 길이로 만들어요.

21 고동색 원형을 서로 다른 크기로 2쌍 준비해요.

칼 도구로 자국을 내 발가락을 표현해요.

22 큰 원형은 반구 모양의 허벅지를 만들고, 작은 원형으로는 한쪽 면이 평평한 타원형 모양의 발을 만들어요.

23 몸통 양쪽에 허벅지와 발을 붙여 뒷다리를 표현해요.

24 목 부분에 가위집을 내 털을 표현한 다음, 머리를 붙여요.

25 겨자색과 고동색 원형을 서로 다른 크기로 2쌍 준비해요.

26 물방울 모양으로 만들어요.

27 물방울의 뾰족한 부분끼리 사선으로 이어 붙여요.

겨자색 부분을 뾰족하게 밀어 주세요.

28 밀착해 밀어서 물방울 모양의 앞다리로 만들어요.

발끝에 칼 도구를 대고 접으면 좋아요.

가위집을 내 털을 표현해요.

발을 바닥에 놓은 상태로 붙여요.

29 발끝을 살짝 접고 칼 도구로 자국을 내 발가락을 표현한 다음, 몸통 양쪽에 붙여요.

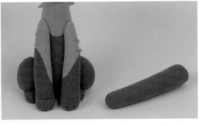

30 고동색 원형을 길게 밀어 꼬리를 준비해요.

31 몸통 뒤쪽에 꼬리를 붙여요.

32 목과 앞다리 부분에 진갈색 파스텔을 칠해 담비를 완성합니다.

소요시간 2시간 내외
난이도 ★★★★☆

사슴

준비물 칼 도구, 송곳, 도트봉, 가위, 붓과 파스텔, 목공풀

클레이 색상 ● 갈색(노7+빨2.5+검0.5) ● 검은색 ○ 흰색
○ 밝은황토색(흰7+황토*3) * 황토색(노8.5+빨1.2+검0.3)
○ 미색(흰9.4+노0.5+빨0.1) ○ 우유색(흰9.9+노0.1)

1 갈색 원형을 끝이 둥근 물방울 모양으로 매만져서 주둥이 부분을 봉긋하게 만들어요.

2 송곳으로 그어 주둥이 라인을 표현해요.

3 눈 붙일 자리를 도트봉으로 눌러 홈을 내요.

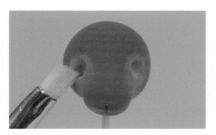

4 아이보리색 파스텔로 눈두덩이와 주둥이 주위를 칠해요.

아래에서 위로 쓸어 올리듯 칠해 주세요.

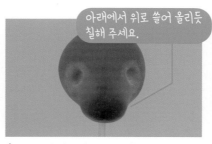

5 진갈색 파스텔로 주둥이 위쪽과 콧잔등을 칠해요.

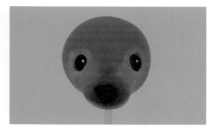

6 검은색과 흰색 원형을 차례로 붙여서 빛나는 눈동자를 표현해요.

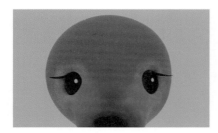

7 검은색을 뾰족하게 민 다음, 눈가에 붙여 속눈썹을 표현해요.

8 갈색 원형 2개를 준비해요.

9 납작한 물방울 모양으로 만든 다음, 동그란 부분을 모아 접어 귀를 만들어요.

185

10 머리에 귀를 붙여요.

11 귀의 가장자리에 아이보리색, 귀 뒷부분은 진갈색 파스텔을 칠해요.

12 뿔 붙일 자리를 도트봉으로 눌러 홈을 내요.

13 미색과 밝은황토색을 그라데이션 기법(10p)으로 섞어서 원형을 준비해요.

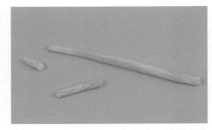

14 조금씩 뜯어서 크기가 다른 줄을 3개 만들어요.

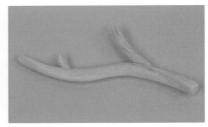

15 줄을 구부리고 나뭇가지처럼 붙여서 사슴뿔을 만들어요.

뿔이 다 마른 후 목공풀을 사용해 붙여 주면 좋아요.

16 같은 방법으로 뿔을 하나 더 만들어서 홈 안에 넣어 붙여요.

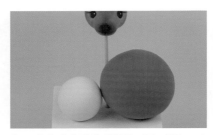

17 우유색과 갈색 원형을 서로 다른 크기로 준비해요.

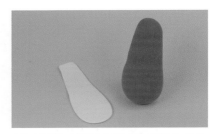

18 갈색은 물방울 모양으로 만들고, 우유색은 물방울 모양을 만들어 납작하게 눌러요.

뾰족한 끝부분은 잘라요.

물방울의 동그란 부분으로 엉덩이를 완전히 감싸서 붙여요.

19 갈색에 우유색을 붙인 다음, 다시 밀어서 긴 물방울 모양으로 만들어요.

20 긴 물방울을 구부려서 기다란 목의 몸통을 표현해요.

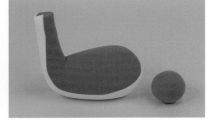

21 갈색 원형을 준비해요.

다리를 튼튼하게 하려면
이쑤시개에 씌워 주세요.

22 끝이 뾰족하지 않은 긴 물방울로 만들어요.

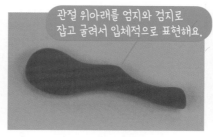

관절 위아래를 엄지와 검지로
잡고 굴려서 입체적으로 표현해요.

23 둥근 부분의 한쪽 면을 평평하게 해 허벅지를 만들고, 도톰한 관절과 평평한 발굽을 표현해요.

발굽 끝은
칼 도구로
자국을 내요.

24 마찬가지로 3개를 더 만들어 말린 다음, 목공풀로 몸통에 붙여요.

25 우유색과 갈색 원형을 서로 다른 크기로 준비해요.

26 물방울 모양으로 만들어 납작하게 누른 다음, 가장자리를 가위집을 내 잔털을 표현해요.

27 우유색 위에 갈색을 겹쳐 붙여서 꼬리를 만들어요.

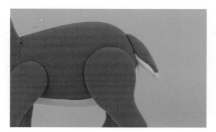

28 몸통 뒤쪽에 꼬리를 붙여요.

29 몸통에 얼굴을 붙여요.

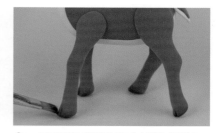

30 등과 발굽에 진갈색 파스텔을 칠해요.

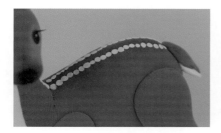

31 우유색 작은 원형을 납작하게 눌러서 등줄기를 따라 3줄로 붙여요.

32 몸통에도 크고 작은 무늬를 붙여서 사슴을 완성합니다.

너구리
소요시간 2시간 내외
난이도 ★★★★☆

준비물 칼 도구, 송곳, 도트봉, 밀대, 아크릴판, 가위, 붓과 파스텔, 낚싯줄

클레이 색상
- 샌드베이지색(베이지*9.8+흰0.2) * 베이지색(흰9.5+노0.2+빨0.2+검0.1)
- 연미색(흰 9.7+노0.3)   ● 흑갈색(노3.5+빨3.5+검3)
- ● 검은색   ○ 흰색

1 샌드베이지색 원형의 한쪽을 봉긋하게 매만지면서 그 주변을 납작하게 눌러서 머리 심재를 준비해요.

2 연미색과 샌드베이지색을 커버 그라데이션 기법(11p)으로 섞어서 머리 외피를 준비해요.

3 머리 심재에 머리 외피를 씌워서 머리를 만들어요.

4 흑갈색 원형을 2개 준비해요.

5 타원형으로 만든 다음, 아크릴판으로 납작하게 눌러요.

6 가장자리에 가위집을 내 털을 표현해요.

7 주둥이 양옆으로 붙여서 무늬를 만들어요.

8 검은색 원형을 만들어 붙여서 코를 표현해요.

눈 붙일 자리를 먼저 도트봉으로 눌러 홈을 내요.

9 샌드베이지색, 흑갈색, 흰색 원형을 차례로 붙여서 빛나는 눈동자를 표현해요.

188

10 머리 가장자리를 빙 둘러 가위집을 내요.

11 가위집을 한 번 더 반으로 잘라서 가는 털을 표현해요.

12 연미색 원형을 2개 준비해요.

13 물방울 모양으로 만들어 납작하게 눌러요.

14 안쪽을 도트봉으로 굴려 오목한 귀를 만들어요.

15 얼굴 털 뒤로 귀를 붙여요.

세필붓을 이용해 입으로 후후 불어 파스텔 가루를 날려 가며 칠해요.

16 검은색 파스텔을 콧잔등과 머리털에 세로 방향으로 칠하고, 귀 안쪽도 칠해요.

탄성이 없는 낚싯줄을 사용하면 좋아요.

17 낚싯줄을 꽂아 수염을 표현해요.

18 샌드베이지색 원형을 머리보다 크게 준비해요.

19 긴 물방울 모양으로 만들어요.

다음 과정에서 매만지며 길어지니, 생각한 다리 길이보다 짧게 잘라요.

20 동그란 부분에 가위집을 내 다리를 나눠요.

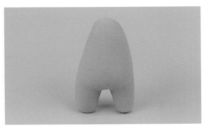

21 양쪽 다리를 벌리고 손으로 매만져 뒷다리를 만들어요.

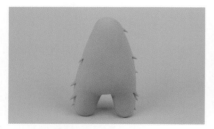

22 군데군데 가위집을 내서 털을 표현해요.

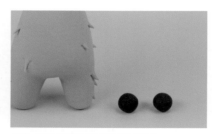

23 흑갈색 원형을 2개 준비해요.

24 한쪽 면이 평평한 긴 물방울 모양으로 만든 다음, 칼 도구로 자국을 내 발가락을 표현해요.

25 다리 아래에 붙여요.

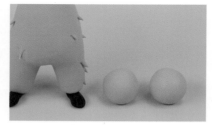

26 샌드베이지색 원형을 2개 준비해요.

27 물방울 모양으로 만들어요.

모양이 찌그러지지 않도록 뒷부분을 손가락으로 받치고 눌러 주세요.

28 통통한 부분을 아래로 놓고 도트봉으로 눌러 사진처럼 만들어요.

29 납작해진 부분에 가위집을 내 앞다리 털을 표현해요.

30 흑갈색 원형을 2개 준비해요.

31 마이크 모양으로 만들고 동그란 부분을 납작하게 눌러요.

32 털 안쪽으로 마이크의 기둥 부분을 넣어 붙이고 털을 오므려 앞다리를 만들어요.

33 몸통 양쪽에 만세 하는 것처럼 붙여요.

34 흑갈색 작은 타원형을 5개씩 붙여서 발
가락을 표현해요.

35 샌드베이지색 원형을 준비해요.

36 긴 물방울 모양으로 만들고, 흑갈색 원
형을 준비해요.

37 물방울의 동그란 부분을 평평하게 만
들고, 원형은 반구로 만들어요.

38 평평한 부분끼리 이어 붙여 꼬리를 만
들어요.

다 붙인 다음, 손바닥으로
한 번 더 밀어 밀착시켜요.

39 흑갈색 긴 줄을 납작하게 눌러서 꼬리
에 둘러 붙여요.

40 몸통 뒤쪽에 꼬리를 붙여요.

41 검은색 파스텔을 세로로 그어 털을 표
현하고, 아이보리색 파스텔을 발에 칠
해요.

42 몸통에 머리를 붙여 너구리를 완성합
니다.

멧돼지

소요시간 1시간 30분 내외
난이도 ★★★☆☆

준비물 칼 도구, 송곳, 도트봉, 밀대, 가위, 붓과 파스텔, 오일

클레이 색상 ○ 연미색(흰9.7+노0.3)
● 밝은황토색(흰7+황토*3) * 황토색(노8.5+빨1.2+검0.3)
● 흑갈색(노3.5+빨3.5+검3) ● 검은색 ○ 흰색

1 흰색 원형을 밀어서 타원형 모양의 몸통 심재를 준비해요.

2 연미색과 밝은황토색을 길게 밀어 3줄을 이어 붙여요.

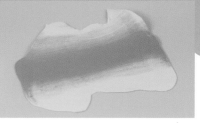

3 커버 그라데이션 기법(11p)으로 섞어서 몸통 외피를 준비해요.

4 몸통 심재를 몸통 외피로 감싸요.

5 목 부분을 오목하게 매만져서 몸통을 만들어요.

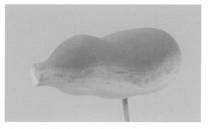

6 코 부분을 튀어나오게 해요. 이때 코끝은 평평하게 만들어요.

줄을 만들 때 끝을 얇게 밀어요.

7 흑갈색과 연미색 긴 줄을 납작하게 누르고 서로 붙여서 무늬를 표현해요.

8 오일 묻힌 송곳으로 몸통을 수평 방향으로 그어서 털의 질감을 표현해요.

9 눈 붙일 자리를 도트봉으로 눌러 홈을 내고, 콧구멍도 만들어요.

10 진갈색 파스텔로 눈두덩이와 코를 칠해요.

11 검은색과 흰색 원형을 차례로 붙여서 빛나는 눈동자를 표현해요.

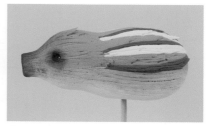

12 군데군데 작은 가위집을 내 잔털을 표현해요.

13 밝은황토색 원형을 2개 준비해요.

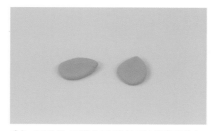

14 물방울 모양으로 만들어 납작하게 눌러요.

15 둥근 부분을 접어 머리에 붙이고, 가장자리에 가위집을 넣어 귀를 만들어요.

16 밝은황토색 원형을 서로 다른 크기로 2쌍 준비해요.

평평하게 만들고 칼 도구로 자국을 내요.

17 마이크 모양으로 만든 다음, 둥근 부분은 납작하게 누르고 끝부분은 발굽을 표현해요.

18 송곳으로 털을 표현하고, 어느 정도 마르면 목공풀을 이용해 몸통에 붙여요.

19 밝은황토색으로 긴 물방울 모양의 꼬리를 만들어요.

20 몸통 뒤쪽에 꼬리를 붙여요.

21 흰색 파스텔로 허벅지를 칠하고, 진갈색 파스텔로 발굽을 칠해서 멧돼지를 완성합니다.

호랑이 소요시간 2시간 30분 내외
난이도 ★★★★★

준비물 칼 도구, 송곳, 도트봉, 밀대, 아크릴판, 가위, 붓과 파스텔, 낚싯줄

클레이 색상
● 황토색(노8.5+빨1.2+검0.3)
● 우유색(흰9.9+노0.1)
● 어두운분홍색(분홍*9.8+검0.2) * 분홍색(흰8.5+빨1.5)
● 탁한백옥색(백옥*9.8+검0.2) * 백옥색(흰9.7+노0.2+파0.1)
● 검은색
○ 흰색

1 황토색 원형을 매만져서 주둥이 부분을 봉긋하게 만들어요.

2 황토색과 우유색을 커버 그라데이션 기법(11p)으로 섞어요.

3 사진처럼 오려요.

경계에 물을 소량 묻혀 문질러서 자연스럽게 만들어요.

4 주둥이 부분에 씌워 붙여요.

5 송곳으로 그어 입과 인중을 표현하고, 아래턱 끝에 가위집을 내 잔털을 표현해요.

6 커버 그라데이션을 도톰하게 만들어 초승달 모양으로 오려요.

아래쪽은 붙이지 않고 늘어트려야 해요!

7 얼굴에 둘러 붙여 목덜미 털을 표현하고, 경계에 물을 소량 묻혀 문질러서 자연스럽게 만들어요.

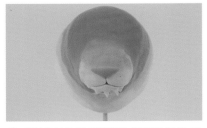

8 어두운분홍색 삼각형을 만들어 붙여 코를 표현해요.

9 목덜미 털에 가위집을 내 털을 풍성하게 만들어요. 도트봉으로 눈 붙일 자리에 홈을 내고, 콧구멍도 표현해요.

털을 붙인 후에 눈의 홈을
도트봉으로 한 번 더 눌러요.

검은색 파스텔로 눈 가장자리를
칠해서 눈매를 또렷하게 해요.

10 우유색 물방울 모양을 납작하게 만들고 뾰족한 부분을 가위로 오려 낸 다음, 눈의 홈 위로 붙여서 눈가 털을 표현해요.

11 탁한백옥색 원형을 홈 안에 넣어 붙여요.

12 검은색과 흰색 원형을 차례로 붙여서 빛나는 눈동자를 표현해요.

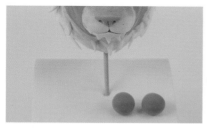

13 황토색 원형 2개를 준비해요.

14 물방울 모양을 만들어 납작하게 누르고, 안쪽을 도트봉으로 굴려 오목한 귀를 만들어요.

15 귀 붙일 자리를 도트봉으로 눌러 홈을 낸 다음, 귀를 넣어 붙여요.

16 귀 앞에 가위집을 내 잔털을 표현해요.

17 귀 안쪽은 아이보리색, 귀 가장자리에 진갈색, 코와 입 주위로 검은색 파스텔을 칠해요.

18 검은색 양쪽 물방울 2개를 살짝 구부려 아크릴판으로 납작하게 누른 다음, 얼굴 양쪽에 붙여서 무늬를 표현해요.

19 같은 방법으로 더 긴 무늬를 붙여요.

20 칼 도구로 정수리에 세로 방향의 자국을 내 굴곡을 표현해요.

21 이마에 검은색 줄무늬를 여러 개 붙여요.

22 검은색 타원형을 납작하게 눌러 눈 위에 붙여서 눈썹을 표현해요.

23 검은색 양쪽 물방울을 살짝 구부려 눈썹 안쪽에 붙여요.

24 진갈색 파스텔을 눈과 코를 잇는 선에 칠해 콧잔등을 도드라지게 해요.

탄성이 없는 낚싯줄을 사용하면 좋아요.

25 낚싯줄을 꽂아 수염을 표현해요.

26 황토색 원형을 머리보다 크게 준비해요.

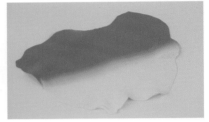

27 황토색과 우유색을 커버 그라데이션 기법(11p)으로 섞어 몸통 외피를 준비해요.

직각으로 구부려요.

28 황토색 원형을 긴 물방울 모양의 심재로 만들어 몸통 외피를 씌운 다음, 뾰족한 부분은 구부려 몸통을 만들어요.

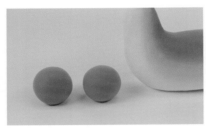

29 황토색 원형을 2개 준비해요.

하나는 구부려 주세요.

30 길게 밀고 칼 도구로 자국을 내어 발가락을 표현해 앞다리를 만들어요.

경계에 물을 소량 묻혀 문질러서 자연스럽게 만들어요.

31 몸통 양쪽에 앞다리를 붙여요. 이때 발을 서로 포개 주세요.

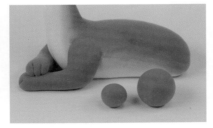

32 황토색 원형을 서로 다른 크기로 2개 준비해요.

33 작은 원형은 한쪽 면이 평평한 타원형 모양의 발을 만든 다음, 칼 도구로 자국내 발가락을 표현해요.

196

칼 도구로 자국 내어 발가락을 표현해요.

34 큰 원형은 손잡이가 긴 마이크 모양으로 만들어 동그란 부분은 납작하게 누르고 손잡이 부분을 직각으로 꺾어요.

35 33의 발바닥에 검은색 납작한 원형을 서로 다른 크기로 4개 만들어 붙여요.

경계에 물을 묻혀 문질러서 자연스럽게 만들어요.

36 몸통 아래에 35를 발바닥이 보이게 붙인 다음, 그 위로 34를 붙여서 뒷다리를 표현해요.

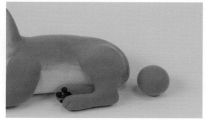

37 황토색 원형을 준비해요.

38 원형을 길게 밀고, 검은색 타원형을 준비해 각각 한쪽을 평평하게 만들어요.

39 서로 이어 붙인 다음, 검은색 줄무늬를 둘러 붙여요.

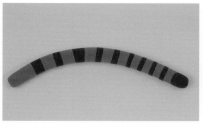

40 손바닥으로 굴려서 줄무늬를 밀착시키고 꼬리를 자연스럽게 구부려요.

41 몸통 뒤쪽에 붙여서 꼬리를 표현해요.

42 몸통에 머리를 붙여요.

43 발끝에 아이보리색 파스텔을 칠해요.

44 앞가슴 쪽으로 검은색 줄무늬를 붙여요.

45 같은 방법으로 몸통 전체에 줄무늬를 붙여서 호랑이를 완성합니다.

반달가슴곰 소요시간 1시간 30분 내외
난이도 ★★★★☆

준비물 송곳, 도트봉, 가위, 붓과 파스텔

클레이 색상 ● 검은색 ● 갈색(노7+빨2.5+검0.5) ○ 흰색

1 검은색 원형을 매만져서 주둥이 부분을 봉긋하게 만들어요.

2 아이보리색 파스텔을 주둥이에 칠해요.

3 검은색 삼각형을 만들어 붙여 코를 표현해요.

4 송곳으로 그어 입과 인중을 표현해요.

눈 붙일 자리를 먼저 도트봉으로 눌러 홈을 내요.

5 갈색과 흰색 원형을 차례로 붙여서 빛나는 눈동자를 표현해요.

6 검은색 원형 2개를 납작하게 눌러 귀를 준비해요.

붙이기 전에 귀 가운데를 도트봉으로 눌러 오목하게 해요.

7 끝을 살짝 잘라 내고 머리 양쪽에 붙여 얼굴을 만들어요.

8 검은색 원형을 머리보다 크게 준비해요.

9 한쪽이 살짝 얇은 타원형 모양의 몸통을 만들어요.

198

다음 과정에서 매만지며 길어지니, 생각한 다리 길이보다 짧게 잘라요.

10 얇은 쪽을 가위집을 내 다리를 나눠요.

11 잘린 부분을 다듬어 짧은 다리를 만들고, 발바닥을 평평하게 해요.

12 몸통에 머리를 붙여요.

13 흰색 원형을 준비해요.

14 길게 밀어 'V'자 모양으로 구부린 다음, 납작하게 눌러요.

15 가슴 가운데에 붙여 무늬를 표현해요.

16 발에 홈을 5개씩 만들고, 작은 물방울 모양의 발톱을 준비해요.

17 홈 안에 발톱을 넣어 붙여요.

18 검은색 원형을 밀어 한쪽이 살짝 얇은 타원형 2개를 만들어요.

19 양쪽 끝을 손가락으로 꼬집어 납작하게 만들어요.

한쪽을 구부려도 좋아요.

20 같은 방법으로 발톱을 만들어 붙인 다음, 몸통에 붙여서 앞다리를 표현해요.

21 검은색 원형을 몸통 뒤쪽에 꼬리로 붙여서 반달가슴곰을 완성합니다.

PART 5
초원에 사는
동물

스컹크

소요시간 2시간 내외
난이도 ★★★☆☆

목을 살짝 위로 구부려요.

1 흑갈색 원형을 준비해요.

2 양쪽 물방울로 밀고 목 부분을 얇게 매만 져요.

3 등 부분의 양쪽을 붓대로 눌러서 홈을 만 들어요.

뒤쪽으로 결이 나게 잘라요.

머리에서 시작해 몸통 뒤로 내려오며 차례대로 가위집을 내요.

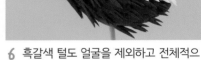

4 우유색을 길게 민 다음, 머리부터 시작해 등의 홈을 따라 둘러서 붙여요.

5 우유색 털을 가위집을 내 털을 표현해요.

6 흑갈색 털도 얼굴을 제외하고 전체적으 로 가위집을 내요.

7 우유색 양쪽 물방울을 납작하게 눌러서 얼굴 가운데 붙여요.

8 흑갈색 원형 안쪽을 도트봉으로 굴려 오 목한 귀를 만든 다음, 얼굴에 붙여요.

9 황토색 파스텔을 주둥이와 눈두덩이에 칠해요.

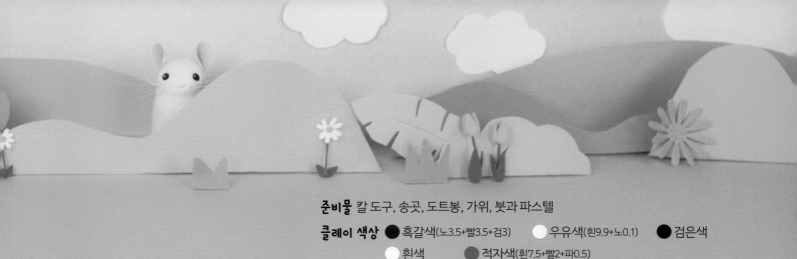

준비물 칼 도구, 송곳, 도트봉, 가위, 붓과 파스텔

클레이 색상 ● 흑갈색(노3.5+빨3.5+검3)　○ 우유색(흰9.9+노0.1)　● 검은색
　　　　　 ○ 흰색　　　　　 ● 적자색(흰7.5+빨2+파0.5)

눈 붙일 자리를 먼저 도트봉으로 눌러 홈을 내요.

10 검은색과 흰색 원형을 차례로 붙여서 빛나는 눈동자를 표현해요.

11 송곳으로 주둥이 라인을 만든 다음, 적자색 원형을 붙여서 코를 표현해요.

한 쌍을 살짝 작게 만들어요.

12 흑갈색 원형을 서로 다른 크기로 2쌍 준비해요.

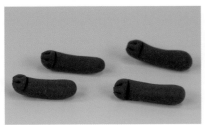

13 타원형으로 만든 다음, 한쪽 끝을 구부리고 칼 도구로 자국을 내어 발가락을 표현해요.

14 몸통 아래에 다리를 붙여요.

흑갈색 원형을 조금 더 작게 만들어요.

15 흑갈색과 우유색 원형을 서로 다른 크기로 4개 만들어요.

두꺼운 쪽으로 결이 나게 잘라요.

16 긴 물방울 모양으로 만든 다음, 가위집을 내서 털을 표현해요.

17 4개를 이어 붙이고 구부려서 꼬리를 준비해요.

18 몸통 뒤쪽에 꼬리를 붙여 스컹크를 완성합니다.

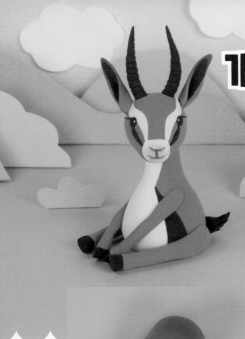

가젤

소요시간 1시간 30분 내외
난이도 ★★★★☆

준비물 칼 도구, 도트봉, 아크릴판, 가위, 붓과 파스텔

클레이 색상 ● 갈색(노7+빨2.5+검0.5)   ○ 우유색(흰9.9+노0.1)   ● 검은색   ○ 흰색

1 갈색 원형을 매만져서 주둥이 부분을 봉긋하게 만들어요.

2 흰색으로 양쪽 끝이 뾰족한 줄을 2개 만들어요.

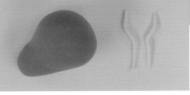

3 긴 줄을 구부려요.

4 아크릴판으로 납작하게 누른 다음 콧잔등 양옆으로 붙여요.

5 우유색 원형을 아크릴판으로 납작하게 누른 다음, 윗부분을 잘라요.

6 입 부분에 붙여요.

7 칼 도구로 자국을 내 코와 입을 표현해요.

8 눈 붙일 자리를 도트봉으로 눌러 홈을 내요.

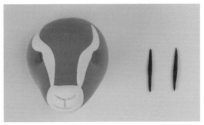

9 검은색으로 양쪽 끝이 뾰족한 줄을 2개 만들어요.

주둥이 옆부터 붙이기 시작해 눈의 홈에서 마무리해요.

10 납작하게 누른 다음, 세로로 붙여서 무늬를 표현해요.

11 검은색 원형을 눈의 홈 안에 넣어 붙여요.

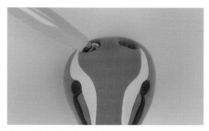

12 뿔 붙일 자리를 도트봉으로 눌러 홈을 2개 내요.

13 검은색 긴 물방울 2개를 준비해요.

14 칼 도구로 굴리듯 자국을 내 뿔을 만들어요.

15 뿔을 살짝 구부린 다음, 홈에 넣어 붙여요.

16 갈색과 검은색으로 서로 다른 크기의 긴 물방울을 2쌍 준비해요.

17 긴 물방울을 납작하게 눌러요.

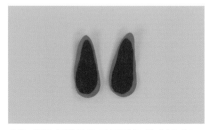

18 작은 물방울을 큰 물방울 위에 붙여요.

19 둥근 부분을 반으로 접어 귀를 만들어요.

20 뿔 양옆으로 귀를 붙여요.

21 검은색을 뾰족하게 민 다음, 눈꺼풀 위에 붙여 속눈썹을 표현해요.

22 고동색 파스텔을 주둥이 쪽에 칠해요.

23 갈색 원형을 머리보다 크게 준비해요.

24 물방울 모양의 몸통을 만들어요.

둥근 부분을 좀 더 불룩하게 만들어요.

25 우유색 마이크 모양을 준비해요.

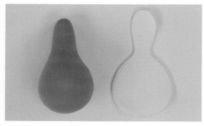

26 마이크 모양을 납작하게 눌러요.

27 몸통 위에 붙여서 배를 표현해요.

28 검은색 긴 물방울을 2개 준비해요.

아크릴판으로 누르면 모양 변형 없이 납작하게 만들 수 있어요.

29 납작하게 눌러요.

뾰족한 부분을 흰 무늬의 오목한 부분에 먼저 붙인 후 아래로 쭉 둘러 붙여요.

30 배 양옆에 붙여서 무늬를 표현해요.

31 갈색과 검은색 원형을 서로 다른 크기로 2쌍 준비해요.

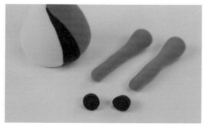

32 큰 원형을 긴 마이크 모양으로, 작은 원형은 원기둥으로 만들어요.

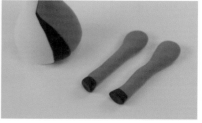

33 이어 붙여 다리를 만든 다음, 몸통과 맞닿을 부분을 평평하게 매만져요.

몸통을 바닥에 내려놓고 붙이는 게 편해요.

34 몸통 양쪽에 다리를 붙여요.

35 칼 도구로 자국을 내어 발굽을 표현해요.

뒷다리보다 얇게 만들어 주세요.

36 같은 방법으로 앞다리도 만들어요.

37 몸통 양쪽에 앞다리를 붙여요.

38 검은색 물방울을 준비해요.

39 가위집을 내어 꼬리털을 표현해요.

40 몸통 뒤에 꼬리를 붙여요.

흰색 클레이를 동공에 붙여 빛나는 눈을 표현해요.

41 몸통 위에 머리를 붙여서 가젤을 완성합니다.

개미핥기

소요시간 2시간 내외
난이도 ★★★★☆

준비물 칼 도구, 도트봉, 밀대, 가위

클레이 색상
● 진회색(흰8+검2)
● 회색(흰9+검1)
● 고동색(노5+빨3+검2)
● 검은색
○ 우유색(흰9.9+노0.1)

1 진회색 물방울 모양의 몸통 심재를 준비해요.

2 회색, 고동색, 진회색 클레이를 준비해요.

3 커버 그라데이션 기법(11p)으로 섞어서 몸통 외피를 준비해요.

4 몸통 심재에 몸통 외피를 씌워요.

5 뾰족한 부분을 손가락으로 매만져 좀 더 길게 늘려요.

6 늘린 부분을 구부려 입을 표현하고, 등줄기를 손가락으로 꼬집어 각을 만들어요.

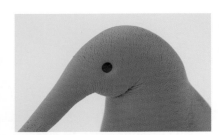

7 눈 붙일 자리를 도트봉으로 눌러 홈을 낸 다음, 검은색 원형을 넣어 붙여요.

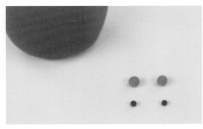

8 진회색과 회색 원형을 서로 다른 크기로 2쌍 준비해요.

9 납작한 물방울 모양으로 만들어요.

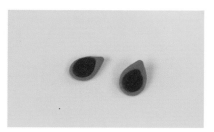

10 큰 물방울 위에 작은 물방울을 붙여요.

접은 부분이 아래로 가게 붙여요.

11 물방울의 뾰족한 부분을 반으로 접어 붙여 귀를 표현해요.

12 등줄기를 따라 가위집을 내서 털을 표현해요.

13 진회색 양쪽 물방울 모양을 만들어요.

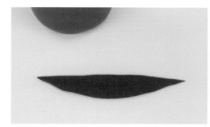

14 납작하게 눌러서 무늬를 준비해요.

15 가슴에 붙여요.

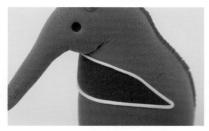

16 우유색 줄을 무늬에 둘러 붙여요.

17 진회색 원형 2개를 준비해요.

18 길게 밀어 허벅지는 납작하게 하고, 발바닥은 평평하게 다듬어요.

19 몸통 양쪽에 다리를 붙여요.

20 칼 도구로 자국을 내 발가락을 표현해요.

21 우유색 원형 2개를 준비해요.

209

22 뒷다리와 마찬가지로 앞다리도 만들어 요.

긴 줄을 아크릴판으로 누르면 띠를 더욱 균일하고 납작하게 만들 수 있어요.

23 진회색 띠를 둘러 붙여요.

24 몸통 양쪽에 앞다리를 붙여요.

25 검은색 원형을 준비해요.

26 물방울 모양으로 만든 다음, 살짝 납작 하게 눌러 꼬리 심재를 준비해요.

27 검은색과 고동색으로 긴 물방울 모양 의 털을 준비해요.

28 꼬리 심재 위쪽에 고동색 털을 붙여요.

29 꼬리 심재 아래쪽에는 검은색 털을 풍 성하게 붙여요.

30 몸통 뒤쪽에 꼬리를 붙여요.

31 회색 물방울 모양의 발톱을 4개 만들어 요.

32 앞다리 발끝에 발톱을 붙여서 개미핥 기를 완성합니다.

준비물 칼 도구, 송곳, 도트봉, 가위, 붓과 파스텔

클레이 색상 ○ 연미색(흰9.7+노0.3) ○ 밝은회색(흰9.7+검0.3)
● 검은색 ○ 흰색

1 연미색 원형을 매만져서 주둥이 부분을 봉긋하게 만들어요.

2 송곳으로 그어 입과 인중을 표현해요.

3 검은색 둥근 삼각형 모양을 만들어 붙여 코를 표현해요.

4 눈 붙일 자리를 도트봉으로 눌러 홈을 낸 다음, 밝은회색 원형을 넣어 붙여요.

5 귀 붙일 자리를 도트봉으로 눌러 홈을 만 들어요.

6 얼굴 가장자리에 가위집을 내 털을 표현해 요.

칼 도구로 이마를 세로로 눌러서 자국을 내요.

7 검은색과 흰색 원형을 차례로 붙여서 빛 나는 눈동자를 표현해요.

8 검은색 줄을 눈 가장자리에 반만 둘러 붙 여요.

밖으로 삐져나오게 해요.

9 긴 줄의 양쪽을 뾰족하게 만들어 남은 부 분도 둘러 붙여요.

211

10 연미색 원형을 2개 준비해요.

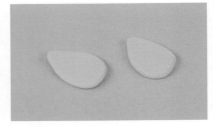

11 납작한 물방울 모양으로 만들어요.

도트봉에 오일을 묻히면 클레이가 밀리지 않아요.

12 물방울 안쪽을 도트봉으로 굴려 오목한 귀를 만들어요.

13 얼굴 털 뒤쪽으로 귀를 붙여요.

14 황토색 파스텔을 귀 끝과 콧잔등과 미간에 칠해요.

칠할 때는 바깥에서 안쪽으로 칠해 얼굴을 완성해요.

15 진갈색 파스텔을 군데군데 칠해 얼굴을 완성해요.

16 연미색 원형을 얼굴보다 크게 준비해요.

17 타원형으로 만들어요.

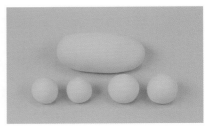

18 연미색 원형을 서로 다른 크기로 2쌍 준비해요.

19 작은 원형은 타원형으로, 큰 원형은 물방울 모양으로 만든 다음 이쑤시개를 꽂아요.

허벅지 부분은 살짝 눌러 납작하게 해요.

20 이쑤시개를 꽂은 상태로 마이크 모양의 발을 만들고, 칼 도구로 자국을 내 발가락을 표현해요.

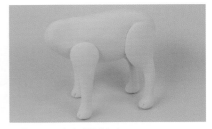

21 몸통에 다리를 붙여요.

22 다리를 붙인 경계에 물을 소량 묻혀 문질러서 자연스럽게 만들어요.

23 연미색 양쪽 물방울 모양의 꼬리를 만들어 붙여요.

24 꼬리 위에서부터 아래로 가위집을 내 꼬리 털을 표현해요.

몸통에 물기가 모두 말랐을 때 가위집을 내요.

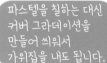

25 몸통 쪽도 목에서부터 몸통 뒤쪽으로 가위집을 내요.

26 가위집 낸 부분을 반으로 잘라 더 가는 털로 표현해요.

입으로 후후 불어 파스텔 가루를 날려 가며 칠해요.

27 몸통 가로를 따라 황토색 파스텔을 칠하고, 발과 관절에도 칠해요.

파스텔을 칠하는 대신 커버 그라데이션을 만들어 씌워서 가위집을 내도 됩니다.

28 진갈색 파스텔을 등과 꼬리쪽에 칠해요.

29 몸통에 머리를 붙여 늑대를 완성합니다.

하이에나

소요시간 1시간 30분 내외
난이도 ★★★★☆

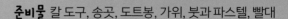

준비물 칼 도구, 송곳, 도트봉, 가위, 붓과 파스텔, 빨대

클레이 색상 ● 고동색(노5+빨3+검2) ● 검은색
             ○ 흰색   ● 흑갈색(노3.5+빨3.5+검3)

1 고동색 원형을 매만져서 주둥이 부분을 봉긋하게 만들어요.

2 끝부분을 반으로 자른 빨대로 찍어 코를 표현해요.

3 칼 도구로 자국 내 입을 표현하고, 송곳으로 찍어 콧구멍을 만들어요.

4 눈 붙일 자리를 도트봉으로 눌러 홈을 내요.

5 검은색과 흰색 원형을 차례로 붙여서 빛나는 눈동자를 표현해요.

6 정수리 끝에 가위집을 내 털을 표현해요.

7 검은색 파스텔을 정수리 위에서 아래로 쓸어내리듯, 주둥이에서 콧잔등으로 쓸어 올리듯 칠해요.

8 고동색 타원형 2개를 납작하게 눌러 준비해요.

9 안쪽을 살짝 누른 다음, 머리 양쪽에 붙여 귀를 표현해요.

10 검은색 파스텔을 귀 안쪽에 칠해요.

11 고동색 원형을 머리보다 크게 준비해요.

12 끝이 뾰족하지 않은 물방울로 만들고 한쪽으로 살짝 구부려요.

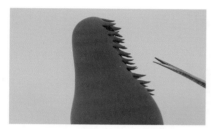

13 등줄기를 따라 가위집을 내 털을 표현해요.

14 흑갈색 원형을 군데군데 붙여 점무늬를 표현해요.

15 고동색 원형을 서로 다른 크기로 2쌍 준비해요.

칼 도구로 자국 내어 발가락을 표현해요.

16 큰 원형은 살짝 눌러 허벅지를 만들고, 작은 원형은 한쪽 면이 평평한 타원형 모양의 발을 만들어 몸통 양쪽에 붙여요.

17 허벅지에도 흑갈색 점무늬를 붙여요.

18 몸통 위에 머리를 붙여요.

19 고동색 원형을 2개 준비해요.

20 길게 밀어요.

발끝에 칼 도구를 대고 접으면 좋아요.

21 발끝을 살짝 접고 칼 도구로 자국을 내 발가락을 표현해요.

발을 바닥에 놓은 상태로 붙여요.

22 몸통 양쪽에 붙여서 앞다리를 표현해요.

23 앞다리에도 흑갈색 점무늬를 붙여요.

24 고동색 원형을 준비해요.

25 끝이 뾰족한 마이크 모양의 꼬리를 만들어요.

26 가위집을 내 꼬리털을 표현해요.

27 몸통 뒤쪽에 꼬리를 붙여요.

28 꼬리 끝에 검은색 파스텔을 칠하고, 머리털과 등줄기 털에 황토색 파스텔을 칠해서 하이에나를 완성합니다.

여우

준비물 칼 도구, 송곳, 도트봉, 밀대, 가위, 붓과 파스텔

클레이 색상 ● 탁한주황색(주황*5+흰4.9+검0.1) * 주황색(노8+빨2)
○ 우유색(흰9.9+노0.1) ○ 연주황색(노9.5+빨0.5) ● 검은색

1 탁한주황색으로 둥근 역삼각형 모양의 머리를 준비해요.

2 우유색 양쪽 물방울을 만들어요.

3 살짝 구부린 후 납작하게 눌러서 얼굴 아래쪽에 붙여요.

4 탁한주황색 원형을 준비해요.

5 물방울 모양의 코 심재를 만들고, 탁한주황색과 우유색을 커버 그라데이션 기법(11p)으로 섞어서 코 외피를 준비해요.

6 코 심재에 코 외피를 씌워서 코를 만들어요.

7 얼굴의 중간에 코를 붙이고, 경계에 물을 소량 묻혀 문질러서 자연스럽게 만들어요.

눈 붙일 자리를 먼저 도트봉으로 눌러 홈을 내요.

8 연주황색과 검은색 원형을 차례로 붙여서 눈동자를 표현해요.

9 검은색 줄을 둘러 붙여 눈매를 또렷하게 만들어요.

217

10 머리 양쪽에 가위집을 내 귀 부분의 잔 털을 표현해요.

11 탁한주황색 원형 2개를 준비해요.

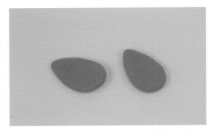

12 납작한 물방울 모양으로 귀를 만들어 요.

13 잔털 뒤로 귀를 붙여요.

14 진갈색 파스텔을 귀의 바깥 부분과 안 쪽에 칠해요.

15 검은색 긴 줄을 완전히 말린 후 송곳을 사용해 수직으로 찔러 넣어서 수염을 표현해요.

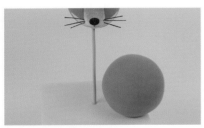

16 탁한주황색 원형을 머리보다 크게 준 비해요.

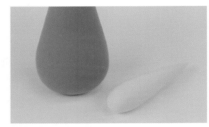

17 물방울 모양의 몸통을 만들고, 우유색 물방울을 하나 더 준비해요.

18 작은 물방울을 납작하게 눌러서 몸통 앞쪽에 붙여요.

19 탁한주황색 원형을 서로 다른 크기로 2쌍 준비해요.

20 큰 원형은 반구 모양의 허벅지를 만들 고, 작은 원형으로는 한쪽 면이 평평한 타원형 모양의 발을 만들어요.

진고동색 파스텔을 아래에서 위로 쓸어 올리듯 칠해 주세요.

21 몸통을 바닥에 세워 둔 상태에서 몸통 양쪽에 허벅지와 발을 붙이고, 칼 도구 로 자국을 내 발가락을 표현해요.

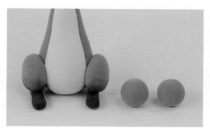

진고동색 파스텔을 아래에서 위로 쓸어 올리듯 칠해 주세요.

발을 바닥에 놓은 상태로 붙여요.

22 탁한주황색 원형 2개를 준비해요.

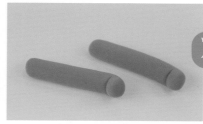

23 길게 민 다음, 발끝에 칼 도구를 대고 살짝 접어 앞다리를 만들어요.

24 몸통에 앞다리를 모아 붙인 다음, 발끝에 칼 도구로 자국을 내 발가락을 표현해요.

25 우유색 원형을 준비해요.

26 납작한 물방울을 만든 다음, 가장자리에 가위집을 내요.

27 물방울 위에서부터 아래로 중간중간 가위집을 낸 털 뭉치를 만들어요.

28 털 뭉치를 앞가슴 쪽에 붙여요.

29 몸통 위에 머리를 붙여요.

30 탁한주황색 원형을 준비해요.

31 양쪽 물방울 모양의 꼬리를 만들어요.

32 꼬리를 살짝 구부려 몸통 뒤쪽에 붙이고, 파스텔을 칠해서 여우를 완성합니다.

치타

소요시간 1시간 30분 내외

난이도 ★★★★★

준비물 칼 도구, 송곳, 도트봉, 붓과 파스텔

클레이 색상 ● 밝은황토색(흰7+황토*3) * 황토색(노8.5+빨1.2+검0.3)
● 검은색 ● 갈색(노7+빨2.5+검0.5)

1 밝은황토색 원형을 양쪽 엄지로 동시에 눌러 눈두덩이를 오목하게 만들고 주둥이를 봉긋하게 매만져요.

2 검은색 삼각형을 만들어 붙여 코를 표현하고, 송곳으로 그어 입과 인중을 표현해요.

3 눈 붙일 자리를 도트봉으로 눌러 홈을 내요.

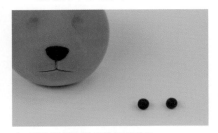

4 검은색 원형을 2개 준비해요.

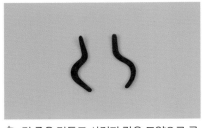

5 긴 줄을 만들고 사진과 같은 모양으로 구부린 다음, 납작하게 눌러 줄무늬를 만들어요.

입술 옆에서부터 붙이기 시작해 눈가에서 마무리해요.

6 줄무늬를 대칭으로 붙여요.

도트봉으로 눌러 눈꼬리를 날카롭게 표현해요.

7 갈색 원형을 홈 안에 붙여요.

8 검은색 줄을 둘러 붙여 눈매를 또렷하게 만들어요.

9 검은색 원형을 붙여 동공을 표현해요.

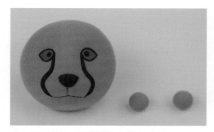

10 밝은황토색 원형을 2개 준비해요.

11 물방울 모양으로 만든 다음, 안쪽을 도 트봉으로 굴려 오목한 귀를 만들어요.

12 귀의 동그란 끝부분을 살짝 잘라 낸 후 머리 양쪽에 귀를 붙여요.

13 검은색으로 크고 작은 원형을 붙여 점 무늬를 표현해요.

14 밝은황토색 원형을 머리보다 크게 준 비해요.

15 긴 물방울 모양의 몸통을 만들어요.

16 몸통에 머리를 붙여요.

17 아이보리색 파스텔을 주둥이와 배에 칠해요.

18 밝은황토색 원형을 서로 다른 크기로 2쌍 준비해요.

19 큰 원형은 물방울 모양의 허벅지로, 작 은 원형은 타원형 모양의 발을 만들어 요.

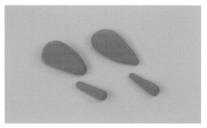

20 허벅지와 발의 한쪽 면을 평평하게 만 들어요.

21 몸통 양쪽에 허벅지를 붙여요.

22 칼 도구로 자국을 내 발가락을 표현한 다음, 허벅지 아래 붙여서 뒷다리를 표현해요.

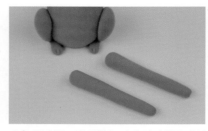

23 밝은황토색 원형을 길게 밀어 한쪽이 살짝 얇은 앞다리를 준비해요.

발끝에 칼 도구를 대고 접으면 좋아요.

발을 바닥에 놓은 상태로 붙여요.

24 발끝을 살짝 접고 칼 도구로 자국을 내 발가락을 표현한 다음, 몸통에 다소곳이 모아 붙여요.

25 앞다리와 허벅지, 목과 등에 검은색 점무늬를 붙여요.

26 밝은황토색 원형을 준비해요.

27 길게 밀어요.

28 검은색 작은 타원형을 이어 붙여서 꼬리를 만들어요.

꼬리가 어느 정도 마른 후에 몸통에 붙여 주세요.

29 꼬리에 검은색 점무늬를 붙이고 구부린 다음, 몸통 뒤쪽에 붙여 치타를 완성합니다.

얼룩말

준비물 칼 도구, 도트봉, 아크릴판, 가위

클레이 색상 ⚪ 흰색 ⚫ 검은색

1 흰색 원형을 매만져서 주둥이 부분을 길게 만들어요.

2 검은색 원형을 준비해요.

3 아크릴판으로 납작하게 눌러요.

4 주둥이 끝에 붙여요.

5 칼 도구로 자국을 내 입을 표현하고, 도트봉으로 눌러 콧구멍을 표현해요.

6 눈 붙일 자리를 도트봉으로 눌러 홈을 낸 다음, 검은색 원형을 넣어 붙여요.

7 검은색 양쪽 물방울 모양 3개를 만들어요.

8 아크릴판으로 물방울을 납작하게 누른 다음, 눈 사이에 붙여서 줄무늬를 표현해요.

볼 부분은 양쪽 물방울을 구부린 후 눌러서 만들어요.

9 같은 방법으로 줄무늬를 만들어 머리와 볼 양쪽에 붙여요.

223

10 검은색을 뾰족하게 민 다음, 눈가에 붙여 속눈썹을 표현해요.

11 흰색 물방울 2개를 납작하게 눌러 준비해요.

12 검은색 줄무늬를 붙여요.

13 물방울의 동그란 부분을 살짝 접어 귀를 만들어요.

14 머리 양쪽에 귀를 붙여요.

15 흰색 원형을 머리보다 크게 준비해요.

16 긴 물방울 모양의 몸통을 만들어요.

17 몸통에 검은색 줄무늬를 붙여요.

18 몸통에 머리를 붙여요.

19 흰색 원형 2개를 준비해요.

20 한쪽이 살짝 얇은 타원형으로 만들어요.

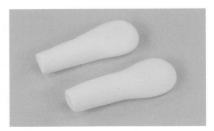

21 동그란 부분은 납작하게 누르고, 얇은 쪽은 평평하게 다듬어 다리를 만들어요.

22 검은색 원기둥 모양의 발굽을 만들어 붙여요.

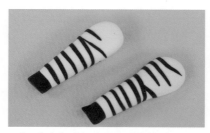

23 다리에 검은색 줄무늬를 붙이고, 발굽을 칼 도구로 눌러 발가락을 표현해요.

24 몸통 양쪽에 다리를 붙여요.

25 같은 방법으로 앞다리를 2개 만든 다음, 가지런히 모아 붙여요.

26 검은색 줄과 납작한 직사각형을 준비해요.

27 직사각형에 가위집을 깊고 잘게 내어 꼬리 털을 표현해요.

28 긴 줄 끝에 꼬리 털을 둘러 붙여 꼬리를 만들어요.

29 몸통 뒤쪽에 꼬리를 붙여요.

30 검은색과 흰색을 얇게 밀어 차례로 이어 붙여요.

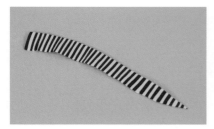

31 가장자리를 오려 내 갈기를 만들어요.

32 갈기를 정수리부터 등 줄기까지 붙이고 가위집을 내 얼룩말을 완성합니다.

기린

소요시간 2시간 내외
난이도 ★★★★☆

준비물 송곳, 도트봉, 아크릴판, 가위, 붓과 파스텔, 아크릴 물감

클레이 색상 ● 밝은황토색(흰7+황토*3) * 황토색(노8.5+빨1.2+검0.3) ● 검은색
○ 흰색 ● 흑갈색(노3.5+빨3.5+검3) ● 갈색(노7+빨2.5+검0.5)

> 기린이 너무 커지지 않도록 얼굴은 조그맣게 만들어요.

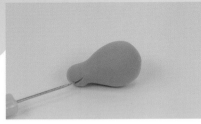

1 밝은황토색 원형을 매만져서 기다란 주둥이의 얼굴을 준비해요.

2 송곳으로 그어 입을 표현해요.

3 도트봉으로 눌러 콧구멍을 표현해요.

4 눈 붙일 자리를 먼저 도트봉으로 눌러 홈을 내요.

5 검은색과 흰색 원형을 차례로 붙여서 빛나는 눈동자를 표현해요.

6 밝은황토색 납작한 원형을 잘라 붙여 눈꺼풀을 표현해요.

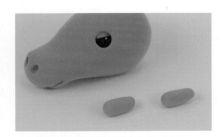

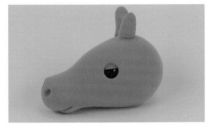

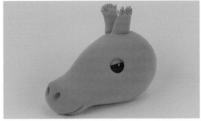

7 밝은황토색 타원형을 2개 준비해요.

8 머리 양쪽에 붙인 다음, 끝부분을 손가락으로 꼬집어 납작하게 만들어요.

9 귀 끝부분에 가위집을 자잘하게 내요.

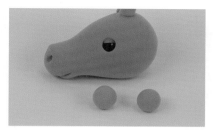

10 밝은황토색 원형을 2개 준비해요.

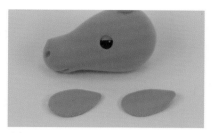

11 물방울 모양으로 만든 후 납작하게 눌러요.

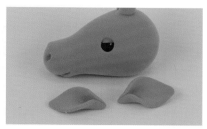

12 물방울의 동그란 부분을 반으로 접어 귀를 표현해요.

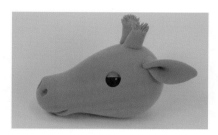

13 얼굴 양쪽에 귀를 붙여요.

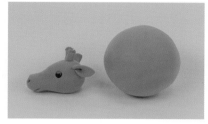

14 밝은황토색 원형을 머리보다 훨씬 크게 준비해요.

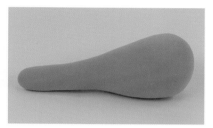

15 길고 끝이 동그란 물방울 모양의 몸통을 만들어요.

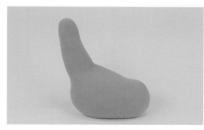

16 긴 부분을 위로 꺾어 올려 목을 표현해요.

17 몸통에 머리를 붙여요.

1쌍은 살짝 작게 해 앞다리를 만드는 데 사용해요.

18 밝은황토색 원형을 서로 다른 크기로 2쌍 준비해요.

다리 안에 철사를 넣으면 더욱 튼튼해요.

뒷다리를 살짝 구부려요.

관절 위아래를 엄지와 검지로 잡고 굴려서 입체적으로 표현해요.

19 길고 얇은 마이크 모양을 만든 다음, 동그란 부분은 납작하게 누르고 끝부분은 평평한 발굽으로 만들어요.

다리가 어느 정도 말랐을 때, 몸통에 대어 허벅지 부분이 들뜨지 않게 매만진 후 완전히 말려 주세요.

20 다리가 모두 마르면 목공풀을 이용해 몸통에 붙여요.

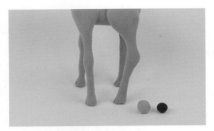

21 밝은황토색과 흑갈색 원형을 서로 다른 크기로 준비해요.

22 밝은황토색 원형은 길게 밀고, 흑갈색 원형은 긴 물방울 모양으로 만들어요.

23 서로 이어 붙이고 물방울에 가위집을 내어 꼬리를 만들어요.

24 몸통 뒤쪽에 꼬리를 붙여요.

25 아크릴 물감으로 몸통 곳곳에 점무늬를 그려요.

26 갈색 파스텔로 주둥이, 이마, 등, 꼬리, 무릎을 칠하고, 진갈색 파스텔로 발굽과 뿔 끝을 칠해요.

27 검은색을 뾰족하게 민 다음, 눈꺼풀 위에 붙여 속눈썹을 표현해요.

28 갈색 원형을 준비해요.

29 길게 밀고 아크릴판으로 납작하게 눌러 갈기를 만들어요.

30 갈기를 뒤통수부터 등줄기를 따라 붙여요.

31 갈기에 잘게 가위집을 내어 기린을 완성합니다.

준비물 칼 도구, 송곳, 도트봉, 아크릴판, 가위, 붓과 파스텔

클레이 색상 밝은황토색(흰7+황토*3) * 황토색(노8.5+빨1.2+검0.3)
 밝은고동색(흰5+고동*5) * 고동색(노5+빨3+검2) ● 검은색 ○ 흰색

1 밝은황토색 원형을 매만져서 주둥이 부분을 봉긋하게 만들어요.

2 밝은고동색 삼각형을 붙여 코를 표현하고, 송곳으로 그어 입과 인중을 표현하고 도트봉으로 눌러 콧구멍을 표현해요.

눈 붙일 자리를 먼저 도트봉으로 눌러 홈을 내요.

3 검은색과 흰색 원형을 차례로 붙여서 빛나는 눈동자를 표현해요.

4 검은색을 뾰족하게 민 다음, 눈꺼풀 위에 붙여 속눈썹을 표현해요.

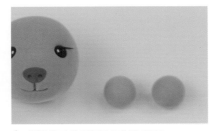

5 밝은황토색 원형을 2개 준비해요.

6 타원형으로 만든 후 납작하게 눌러요.

7 귀 안쪽을 살짝 오목하게 만든 후, 머리 위에 붙여요.

8 밝은황토색 원형을 머리보다 크게 준비해요.

9 끝이 뾰족하지 않은 물방울 모양의 몸통을 만들어요.

10 몸통에 머리를 붙여요.

11 아이보리색 파스텔을 귀와 배에 칠하고, 귀 안쪽은 갈색 파스텔로 칠해요.

12 같은 방법으로 새끼캥거루를 만들어요.

13 밝은황토색 타원형을 준비해요.

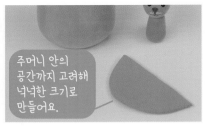

주머니 안의 공간까지 고려해 넉넉한 크기로 만들어요.

14 아크릴판으로 납작하게 누르고 반달 모양으로 잘라서 아기 주머니를 준비해요.

아기 주머니를 먼저 붙인 후, 아기 주머니와 새끼캥거루를 완전히 말리면 새끼캥거루를 아기 주머니에 넣었다 뺐다 할 수 있어요.

15 새끼캥거루를 배에 사선으로 붙여요.

16 밝은황토색 긴 타원형을 끝을 살짝 구부려 새끼캥거루 몸에 붙여요.

발이 주머니 밖으로 보이게 해요.

17 아기 주머니를 새끼캥거루 몸 위에 붙인 다음, 아이보리색 파스텔을 칠해요.

18 밝은황토색 원형을 2개 준비해요.

19 손잡이가 긴 마이크 모양으로 만들어요.

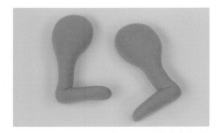

20 동그란 부분의 한쪽 면을 평평하게 하고, 손잡이를 직각으로 꺾어 발을 표현해요.

21 어느 정도 마르면 몸통 양쪽에 붙이고, 칼 도구로 자국을 내 발가락을 표현해요.

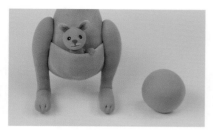

22 밝은황토색 원형을 준비해요.

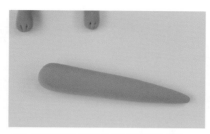

23 긴 물방울 모양의 꼬리를 만들어요.

24 몸통 뒤쪽에 꼬리를 붙여요.

25 밝은황토색 원형을 2개 준비해요.

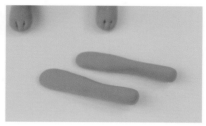

26 길게 민 다음, 한쪽 끝을 평평하게 해 앞다리를 만들어요.

27 몸통 양쪽에 앞다리를 붙이고, 칼 도구로 자국을 내 발가락을 표현해요.

28 아이보리색 파스텔을 칠해 캥거루를 완성합니다.

코뿔소

소요시간 2시간 내외
난이도 ★★★★☆

준비물 칼 도구, 송곳, 도트봉, 가위, 붓과 파스텔, 오일

클레이 색상
- 회색(흰9+검1)
- 연미색(흰9.7+노0.3)
- 검은색
- 흰색

1 회색 물방울을 매만져 주둥이는 날렵하게, 이마는 살짝 납작하게 눌러요.

2 칼 도구로 자국을 내 입을 표현하고, 도트봉으로 눌러 콧구멍을 만들어요.

3 뿔 붙일 자리를 도트봉으로 눌러 서로 다른 크기의 홈을 내요.

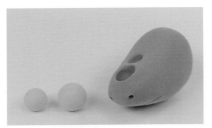

4 연미색 원형을 서로 다른 크기로 2개 준비해요.

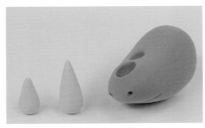

5 물방울 모양의 뿔로 만들어요.

6 뿔을 살짝 구부려 홈 안에 넣어 붙이고, 눈 붙일 자리에도 도트봉으로 홈을 내요.

7 검은색 원형을 홈 안에 넣어 붙여요.

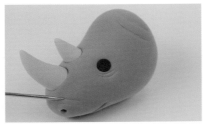

8 오일 묻힌 송곳으로 콧잔등과 눈 밑, 정수리 부분을 그어 주름을 표현해요.

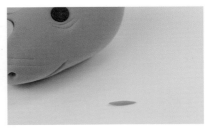

9 회색 양쪽 물방울을 준비해요.

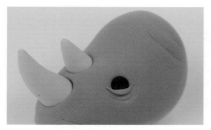

10 양쪽 물방울을 살짝 구부린 다음, 눈 아래에 붙여 눈꺼풀을 표현해요.

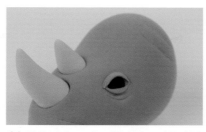

11 같은 방법으로 눈꺼풀 위쪽도 만들어 붙여요.

클레이를 송곳 끝으로 아주 조금 뜯어 내 뭉치면 아주 작은 원형을 만들 수 있어요.

12 흰색 원형을 눈에 붙여 반짝임을 표현해요.

13 회색 긴 물방울 모양을 2개 준비해요.

14 납작하게 눌러요.

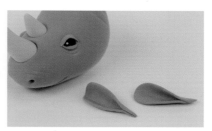

15 뾰족한 부분을 반으로 살짝 접어 귀를 만들어요.

16 머리 양쪽에 귀를 붙여요.

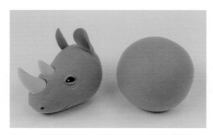

17 회색 원형을 머리보다 크게 준비해요.

18 한쪽이 살짝 얇은 타원형으로 만들어요.

붓대로 누르면 좋아요.

19 등에 굴곡을 주고 목 부분을 꺾어 평평하게 만들어요.

20 몸통에 머리를 붙여요.

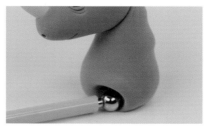

21 뒷다리 붙일 자리를 도트봉으로 눌러 홈을 내요.

233

22 회색 원형 2개를 준비해요.

23 타원형으로 만든 다음, 발바닥이 사선으로 평평한 뒷다리를 만들어요.

24 발끝에 칼 도구로 자국을 내 발가락을 표현하고, 몸통의 홈 안에 넣어 붙여요.

25 송곳으로 눌러 다리 근처의 주름을 표현해요.

26 뒷다리와 같은 방법으로 앞다리를 만들어요.

27 앞다리를 홈 안에 넣어 붙이고, 몸통에 주름을 표현해요

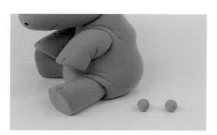

28 회색 원형을 2개 준비해요.

29 하나는 길게 밀고, 하나는 물방울 모양으로 만들어요.

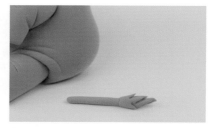

30 서로 이어 붙이고, 물방울에 가위집을 내 꼬리를 완성해요.

31 몸통 뒤쪽에 꼬리를 붙여요.

위에서 아래로
쓸어내리듯 칠해요.

32 황토색 파스텔을 뿔에 칠해요.

33 아이보리색 파스텔을 군데군데 칠해 코뿔소를 완성합니다.

버팔로

준비물 칼 도구, 송곳, 도트봉, 가위, 붓과 파스텔

클레이 색상 ● 흑갈색(노3.5+빨3.5+검3) ● 쥐색(흰9+검0.7+빨0.3)
● 검은색 ○ 흰색

1 흑갈색 원형을 매만져서 주둥이 부분을 봉긋하게 만들어요.

2 검은색 원형을 준비해요.

3 양쪽 물방울 모양으로 만든 후 납작하게 눌러요.

4 주둥이 아래쪽에 붙여요.

5 납작한 양쪽 물방울을 하나 더 겹쳐 붙여 입을 표현해요.

6 도트봉으로 눌러 긴 콧구멍을 표현해요.

7 쥐색 원형을 2개 준비해요.

8 긴 물방울 모양으로 만든 후 납작하게 눌러요.

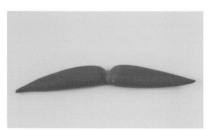

9 동그란 부분끼리 이어 붙이고, 경계에 물을 소량 묻혀 문질러서 자연스럽게 만들어요.

235

10 머리 위에 붙이고 양쪽 끝을 위로 구부려서 뿔을 표현해요.

11 송곳으로 그어 뿔의 질감을 표현해요.

12 아이보리색 파스텔을 뿔과 얼굴에 칠해요.

13 눈 붙일 자리를 도트봉으로 눌러 홈을 낸 다음, 검은색 원형을 넣어 붙여요.

14 흑갈색 작은 원형의 끝을 잘라 붙여 눈꺼풀을 표현해요.

15 검은색을 뾰족하게 민 다음, 눈꺼풀 위에 붙여 속눈썹을 표현해요.

16 흰색 원형을 동공 위에 붙여 반짝이는 눈을 표현해요.

17 흑갈색 원형을 2개 준비해요.

18 물방울 모양으로 만든 후 납작하게 눌러요.

19 물방울의 동그란 부분을 안으로 접어 귀를 만들어요.

20 뿔 밑으로 귀를 붙여요.

21 흑갈색 원형을 머리보다 크게 준비해요.

22 타원형 모양의 몸통을 만들어요.

23 몸통에 머리를 붙여요.

24 흑갈색 원형을 2개 준비해요.

손가락을
'V'자 모양으로
만든 후 굴려도
좋아요.

25 타원형으로 만든 다음, 관절 위아래를 엄지와 검지로 잡고 굴려서 관절을 도톰하게 표현해요.

26 쥐색 원기둥 모양을 붙여 발굽을 표현해요.

칼 도구로 자국을 내
발가락을 표현해요.

27 몸통 양쪽에 다리를 붙여요.

발을 바닥에 놓은
상태로 붙여요.

28 같은 방법으로 앞다리를 만들어 붙여요.

29 흑갈색 원형을 서로 다른 크기로 2개 준비해요.

30 큰 원형은 길게 밀고, 작은 원형은 물방울 모양으로 만들어요.

31 서로 이어 붙이고 물방울에 가위집을 내 꼬리를 만들어요.

32 몸통 뒤쪽에 꼬리를 붙여 버팔로를 완성합니다.

코끼리

소요시간 1시간 내외
난이도 ★★★☆☆

1 붉은진회색으로 손잡이가 긴 마이크 모양의 머리를 준비해요.

2 둥근 부분을 양손 엄지로 동시에 눌러서 눈두덩이를 오목하게 만들고, 코끝은 평평하게 만들어요.

붓대를 이용해도 됩니다.

3 상아 붙일 자리를 도트봉으로 눌러서 홈을 내요.

4 눈두덩이 위쪽을 손가락으로 눌러 정수리를 오목하게 만들어요.

5 눈 붙일 자리에 도트봉으로 홈을 만들고, 칼 도구로 자국을 내 주름을 표현해요.

6 붉은진회색 원형을 2개 준비해요.

7 물방울 모양으로 만들어요.

8 물방울을 살짝 구부리고 납작하게 눌러서 귀를 만들어요.

9 얼굴 양쪽에 귀를 붙여요.

준비물 칼 도구, 도트봉, 가위, 붓과 파스텔

클레이 색상 ● 붉은진회색(진회*9+빨1) * 진회색(흰8+검2)　　● 검은색
○ 흰색　　　　　○ 우유색(흰9.9+노0.1)　　　　○ 연미색(흰9.7+노0.3)

10 귀를 붙인 경계에 물을 소량 묻혀 문질러서 자연스럽게 만들어요.

11 검은색 원형을 홈 안에 넣어 눈을 표현해요.

흰색 원형을 붙여서 빛나는 눈동자를 표현해요.

12 붉은진회색 작은 원형을 납작하게 눌러고 둥근 부분을 잘라 붙여서 눈꺼풀을 표현해요.

13 우유색 원형을 2개 준비해요.

14 긴 물방울 모양으로 만들어 홈 안에 붙여서 상아를 표현해요.

15 코 아래쪽에 가위집을 내 입을 표현해요.

물기가 완전히 마른 후에 칠해요.

16 아이보리색 파스텔을 칠해 곳곳에 칠해 얼굴을 완성해요.

17 붉은진회색 원형을 머리보다 크게 준비해요.

18 한쪽이 살짝 얇은 타원형의 몸통으로 만들어요.

19 등이 될 부분을 손가락으로 꼬집듯 매만져 등줄기를 표현해요.

20 붉은진회색 원형을 4개 준비해요.

몸통에 붙일 부분은 평평하게 매만져요.

21 타원형으로 만들고 한쪽은 살짝 눌러 허벅지를 만들고, 다른 한쪽은 바닥을 평평하게 해 다리를 만들어요.

경계에 물을 소량 묻혀 문질러서 자연스럽게 만들어요.

다리 하나는 들어 올린 모습으로 표현해요.

22 발끝에 홈을 3개씩 만들어 발톱 자리를 만든 다음, 몸통에 다리를 붙이고 칼 도구로 자국을 내 주름을 표현해요.

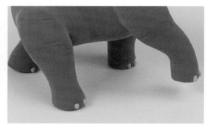

23 연미색 원형을 발톱 홈 안에 넣어 붙여요.

24 붉은진회색 원형을 한쪽 끝이 뾰족하게 밀어요.

25 몸통 뒤쪽에 꼬리를 붙여요.

26 아이보리색 파스텔을 몸통과 다리 곳곳에 칠해요.

27 몸통에 얼굴을 붙여 코끼리를 완성합니다.

사자

준비물 칼 도구, 송곳, 도트봉, 가위, 붓과 파스텔, 낚싯줄

클레이 색상 ○ 밝은황토색(흰7+황토*3) * 황토색(노8.5+빨1.2+검0.3)
○ 분홍색(흰8.5+빨1.5) ○ 연주황색(노9.5+빨0.5)
● 검은색 ○ 흰색

1 밝은황토색 원형을 매만져서 주둥이 부분을 봉긋하게 만들어요.

2 송곳으로 그어 입과 인중을 표현해요.

3 분홍색 삼각형을 만들어 붙여 코를 표현해요.

4 눈 붙일 자리를 도트봉으로 눌러 홈을 내고, 콧구멍도 만들어요.

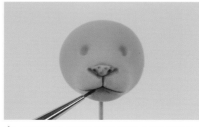

5 진갈색 파스텔을 입과 인중, 코에 칠하고, 코에 점무늬도 표현해요.

6 이마 부분에 칼 도구로 자국을 내 굴곡을 표현해요.

아이보리색 파스텔을 홈 주위에 먼저 칠해요.

7 연주황색, 검은색, 흰색 원형을 차례로 붙여서 빛나는 눈동자를 표현해요.

세필붓을 이용해 입으로 후후 불어 파스텔 가루를 날려 가며 칠해요.

8 갈색 파스텔을 눈가에 칠해서 눈매를 또렷하게 해요.

9 머리 위 굴곡, 눈썹, 볼 부위에 군데군데 갈색 파스텔을 칠해서 명암을 표현해요.

241

10 밝은황토색 원형을 머리보다 더 크게 준비해요.

11 길게 밀어 살짝 구부린 후 납작하게 눌러요.

12 머리에 감싸듯 둘러 붙여요.

13 아랫부분을 이어 붙인 후 뾰족하게 만들어 갈기를 표현해요.

14 경계에 물을 소량 묻혀 문질러서 자연스럽게 만들어요.

15 물이 모두 마르면, 얼굴에서 가까운 쪽부터 가위집을 내 갈기를 완성해요.

16 밝은황토색 원형 2개를 준비해요.

17 살짝 누른 후 안쪽을 도트봉으로 굴려 오목한 귀를 만들어요.

18 갈기 뒤로 귀를 붙여요.

19 황토색 파스텔을 갈기 전체에 칠해요.

20 갈색 파스텔을 갈기 끝쪽에 아래에서 위로 쓸어 올리듯 칠하고, 낚싯줄을 꽂아 수염을 표현해요.

21 밝은황토색 원형을 머리보다 크게 준비해요.

22 한쪽이 살짝 얇은 타원형 모양의 몸통을 만들어요.

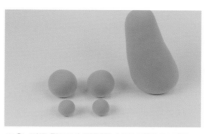

23 밝은황토색 원형을 서로 다른 크기로 2쌍 준비해요.

칼 도구로 자국을 내 발가락을 표현해요.

24 큰 원형은 타원형 반구 모양의 허벅지로, 작은 원형으로는 한쪽 면이 평평한 타원형 모양의 발을 만들어요.

25 몸통을 바닥에 세워 둔 상태에서 몸통 양쪽에 허벅지와 발을 붙여서 뒷다리를 표현해요.

26 밝은황토색 원형 2개를 준비해요.

발끝에 칼 도구를 대고 접으면 좋아요.

27 길게 만들어 발끝을 살짝 접고 칼 도구로 자국을 내 발가락을 표현해요.

발을 바닥에 놓은 상태로 붙여요.

28 몸통 위쪽에 붙여서 앞다리를 표현해요.

29 몸통에 머리를 붙여요.

30 밝은황토색 원형을 서로 다른 크기로 2개 준비해요.

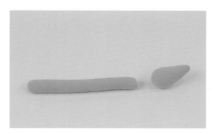

31 큰 원형은 길게 밀고, 작은 원형은 물방울 모양으로 만들어요.

32 이어 붙인 다음, 물방울에 가위집을 내고 파스텔을 칠해 꼬리를 완성해요.

33 몸통 뒤쪽에 꼬리를 붙여서 사자를 완성합니다.

243

PART 6

극한 환경도
끄떡없는
동물

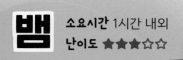

뱀 소요시간 1시간 내외
난이도 ★★★☆☆

1 흑갈색 원형을 밀어서 아주 긴 물방울 모양으로 만들어요.

2 주둥이와 목 부분을 오목하게 매만져요.

3 쿠킹포일을 뭉친 후, 몸통을 눌러서 비늘의 질감을 표현해요.

4 눈 붙일 자리와 콧구멍을 도트봉으로 눌러 홈을 내고, 송곳으로 입을 표현해요.

5 고동색, 검은색, 흰색 원형을 차례로 붙여서 빛나는 눈동자를 표현해요.

6 연베이지색과 밝은황토색 원형을 준비해요.

246

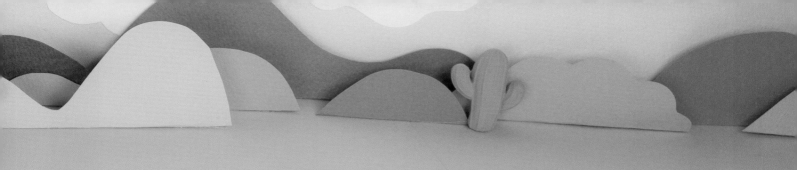

준비물 송곳, 도트봉, 아크릴판, 가위, 쿠킹포일

클레이 색상 ● 흑갈색(노3.5+빨3.5+검3) ● 고동색(노5+빨3+검2) ● 검은색
○ 흰색 ○ 연베이지색(흰8+베이지*2) * 베이지색(흰9.5+노0.2+빨0.2+검0.1)
● 밝은황토색(흰7+황토*3) * 황토색(노8.5+빨1.2+검0.3) ○ 파스텔분홍색(흰9.5+빨0.4+노0.1)

7 아크릴판으로 납작하게 누른 다음 연베이지색과 밝은황토색을 차례로 붙여서 무늬로 표현해요.

8 연베이지색과 검은색을 좀 더 작게 만들어 붙여요.

9 무늬도 쿠킹포일로 다시 눌러서 질감을 맞춰요.

10 같은 방법으로 몸통 전체에 무늬를 넣어요.

11 파스텔분홍색 원형을 길고 납작하게 만든 다음, 한쪽 끝을 리본 모양으로 오려서 혀를 표현해요.

12 입 안쪽에 혀를 붙여서 뱀을 완성합니다.

247

박쥐

소요시간 1시간 내외
난이도 ★★★☆☆

준비물 송곳, 도트봉, 밀대, 가위, 붓과 파스텔, 철사

클레이 색상 ● 밝은고동색(흰5+고동*5) * 고동색(노5+빨3+검2) ○ 흰색
● 흑갈색(노3.5+빨3.5+검3) ● 분홍색(흰8.5+빨1.5) ● 검은색
● 빛바랜고동색(흰9.5+고동*0.5) * 고동색(노5+빨3+검2)

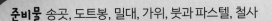

엄지와 검지로
살살 꼬집듯 늘려요.

1 밝은고동색 원형을 굴려서 목 부분을 오
목하게 만들어요.

2 목 아래 양옆을 다듬어서 날갯죽지를 만들
어요.

3 날개와 다리가 붙을 자리를 도트봉으로
눌러 홈을 4개 내요.

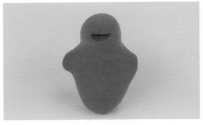

4 도트봉으로 홈을 내 입을 만들고, 송곳으
로 그어 인중을 표현해요.

5 분홍색을 입 안쪽에 넣은 다음, 도트봉으
로 눌러 빈 곳을 채워 가며 평평하게 눌
러요.

눈 붙일 자리를 먼저
도트봉으로 눌러 홈을 내요.

6 검은색으로 코와 눈을 표현해요.

7 밝은고동색 원형을 2개 준비해요.

8 삼각형으로 만들어 붙여 귀를 표현해요.

윗니를 좀 더
크게 만들어요.

9 흰색 물방울 4개를 납작하게 만들어 붙
여서 윗니, 아랫니 2개씩 표현해요.

철사가 없으면 클레이로 만들어 완전히 말려서 사용해요.

10 얇은 철사에 빛바랜고동색을 얇게 씌워 날개 지지대를 만들어요.

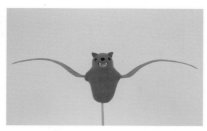

11 몸통의 홈 안에 날개 지지대를 붙여요.

12 빛바랜고동색 원형 2개를 만들어요.

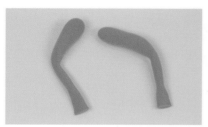

13 긴 물방울 모양으로 만들어 구부린 다음, 뾰족한 부분을 납작하게 눌러서 반듯하게 잘라요.

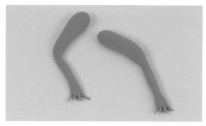

14 반듯하게 자른 쪽을 가위로 오려서 발가락을 표현해 다리를 완성해요.

15 다리를 홈에 넣어 붙여요.

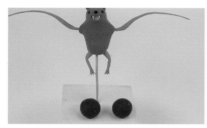

16 흑갈색 원형 2개를 만들어요.

17 밀대로 얇게 밀고 송곳으로 날개 모양을 스케치한 다음 가위로 오려요.

18 날개 지지대와 몸통 뒤로 날개를 붙여요.

19 빛바랜고동색 긴 줄을 만들어 붙여서 날개뼈를 표현해요.

20 베이지색 파스텔을 몸통 군데군데 칠해 입체감 있게 박쥐를 완성합니다.

249

카멜레온

소요시간 2시간 30분 내외
난이도 ★★★★★

통나무

아크릴판으로 누르면 더욱 균일하고
납작하게 만들 수 있어요.

1 고동색 타원형을 만들어 양쪽 끝을 평평
하게 만들어요.

2 갈색 원형을 준비해요.

3 납작하게 눌러서 한쪽 면에 붙여요.

4 경계면을 손가락으로 꼬집듯 매만지고,
안쪽을 오목하게 만들어요.

5 칼 도구로 눌러 통나무의 질감을 표현해
요.

6 고동색을 길게 밀어 납작하게 누른 다음,
이쑤시개에 목공풀을 극소량 발라서 올
려요.

7 클레이로 이쑤시개를 감싸고 손바닥으
로 밀어 나뭇가지를 만들어요.

8 2~5번과 같은 방법으로 오목한 단면과
나무껍질의 질감을 표현해요.

9 통나무에 나뭇가지를 꽂아 완전히 말려
요.

250

준비물 칼 도구, 도트봉, 밀대, 아크릴판, 가위, 붓과 파스텔, 이쑤시개, 목공풀, 빨대

클레이 색상 ● 고동색(노5+빨3+검2)   ● 갈색(노7+빨2.5+검0.5)

● 민트색(하늘*9.7+노0.3) * 하늘색(흰9+파1)   ● 연두색(노9+파1)

● 진다홍색(다홍*9.8+검0.2) * 다홍색(노6+빨4)   ○ 밝은회색(흰9.7+검0.3)

● 진한민트색(민트8+파2)   ● 검은색   ○ 연하늘색(흰9.5+파0.5)

카멜레온

외피에 구멍 날 것을 대비하려면 외피와 비슷한 색으로 준비해요.

10 양쪽 물방울 모양의 몸통 심재를 준비해요. 심재 용도라 어떤 색이든 괜찮아요.

11 아랫면은 평평하게 만들고 윗부분은 꼬집듯 매만져 등줄기가 날렵한 몸통을 만들어요.

12 물방울 모양의 머리 심재를 준비해요.

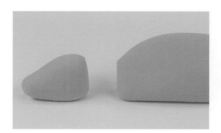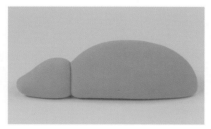

13 서로 맞닿을 부분을 가위로 잘라 평평하게 만들어요.

14 머리와 몸통을 이어 붙여서 몸통 심재를 완성해요.

15 민트색 클레이를 밀대로 납작하게 밀어요.

밀대로 밀며 무늬끼리 닿지 않도록 충분히 간격을 띄어 주세요.

무늬의 결을 따라 세로로 밀어야 해요.

16 연두색 긴 줄을 만들어 붙여요.

17 진다홍색 얇은 줄을 연두색 양옆으로 붙여요. 같은 방법으로 여러 개 만들어요.

18 색이 자연스럽게 섞이도록 밀대로 얇게 밀어요.

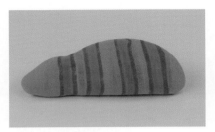

19 심재에 덮어씌워요.

눈 붙일 자리를 먼저
도트봉으로 눌러 홈을 내요.

20 밝은회색 긴 타원형을 납작하게 눌러
붙인 다음, 칼 도구로 눌러서 입을 표현
해요.

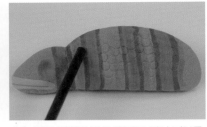

21 몸통 전체를 작은 빨대로 찍어 피부를
표현해요.

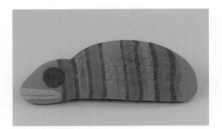

22 진다홍색 원형을 홈 안에 넣어 붙여요.

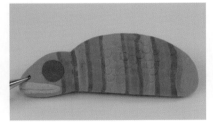

23 도트봉으로 눌러 콧구멍을 표현해요.

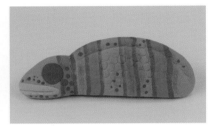

24 진다홍색 원형을 군데군데 붙여서 점
무늬를 표현하고, 등줄기를 꼬집듯 매
만져요.

25 민트색과 진다홍색을 그라데이션 기법
(10p)으로 섞어요.

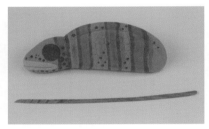

26 길게 민 다음 아크릴판으로 납작하게
눌러요.

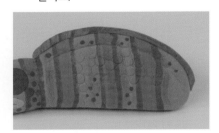

27 등줄기를 따라 붙여요.

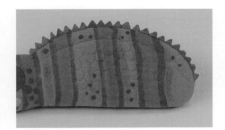

28 가위 끝으로 잘라 톱니 모양으로 만들
어요.

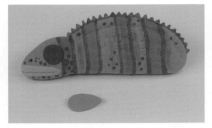

29 민트색 물방울을 납작하게 눌러요.

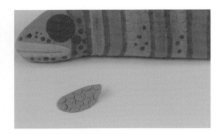

30 빨대로 찍어 피부를 표현해요.

252

31 진한민트색 줄로 테두리를 둘러 붙여요.

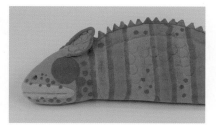

32 동그란 아랫부분을 잘라 내고 정수리에 붙인 다음, 경계에 물을 소량 묻혀 문질러서 자연스럽게 만들어요.

33 25와 같은 방법으로 그라데이션 원형을 만들어요.

진다홍색 눈보다 작은 크기로 만들어요.

34 반구 모양으로 만들어 눈을 준비해요.

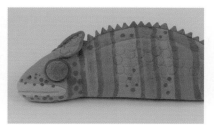

35 진다홍색 눈 위에 붙여요.

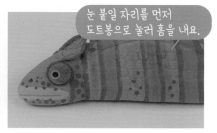

눈 붙일 자리를 먼저 도트봉으로 눌러 홈을 내요.

36 민트색과 검은색 원형을 차례로 붙여서 눈동자를 표현해요.

37 그라데이션 원형을 준비해요.

38 한쪽이 살짝 얇은 긴 타원형을 만들어요.

39 얇은 쪽을 납작하게 누르고 가위로 반을 가른 다음, 각각 가위집을 내 발가락을 표현해요.

40 몸통 뒤쪽에 붙여서 뒷다리를 만들어요.

41 같은 방법으로 앞다리를 만들어 붙여요.

42 긴 원뿔 모양의 꼬리 심재를 준비해요.

253

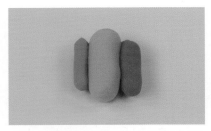

43 민트색, 연하늘색, 진다홍색을 준비해
요.

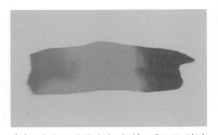

44 커버 그라데이션 기법(11p)으로 섞어
요.

무늬를 붙인 다음, 다시 한 번 밀대로 밀어 무늬를 완전히 밀착시켜요.

45 진다홍색 무늬를 붙여 꼬리 외피를 준
비해요.

46 꼬리 심재에 꼬리 외피를 씌워요.

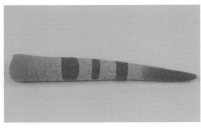

47 빨대로 찍어 피부를 표현해 꼬리를 완
성해요.

48 몸통 뒤쪽에 꼬리를 붙여요.

49 연하늘색 긴 줄을 입술에서 정수리 방
향으로 붙여요.

50 칼 도구로 눌러 오돌토돌한 느낌을 표
현해요.

목공풀로 견고하게 붙일 수 있어요.

51 꼬리가 나뭇가지를 감싸도록 해서 붙
인 다음, 연갈색 파스텔로 통나무를 칠
해 카멜레온을 완성합니다.

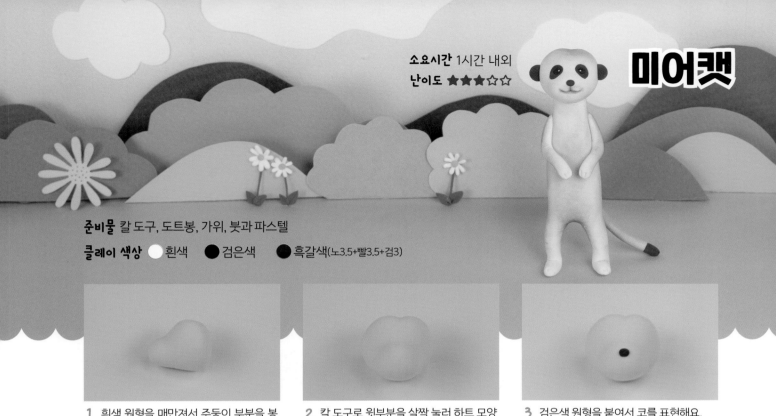

소요시간 1시간 내외
난이도 ★★★☆☆

미어캣

준비물 칼 도구, 도트봉, 가위, 붓과 파스텔

클레이 색상 ⚪ 흰색　⚫ 검은색　⚫ 흑갈색(노3.5+빨3.5+검3)

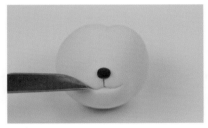

1 흰색 원형을 매만져서 주둥이 부분을 봉긋하게 만들어요.

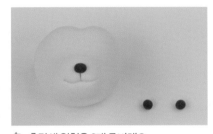

2 칼 도구로 윗부분을 살짝 눌러 하트 모양으로 만들어요.

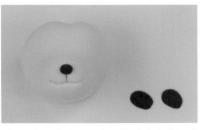

3 검은색 원형을 붙여서 코를 표현해요.

4 칼 도구로 그어 입과 인중을 표현해요.

5 흑갈색 원형을 2개 준비해요.

6 물방울 모양으로 만든 후 납작하게 눌러요.

7 얼굴에 붙여 점무늬를 표현하고, 눈 붙일 자리를 도트봉으로 눌러 홈을 내요.

8 검은색과 흰색 원형을 차례로 붙여서 빛나는 눈동자를 표현해요.

9 흑갈색 원형을 눌러서 2개 준비해요.

255

10 한쪽 끝을 자른 후 얼굴 양쪽에 붙여서 귀를 표현해요.

11 황토색 파스텔을 머리 위와 주둥이에 칠해요.

12 흰색 원형을 머리보다 크게 준비해요.

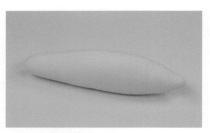

13 양쪽 물방울 모양으로 만들어요.

다음 과정에서 매만지며 길어지니, 생각한 다리 길이보다 짧게 잘라요.

14 가위집을 내 다리를 나눠요.

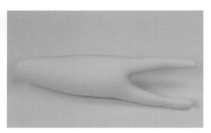

15 양쪽 다리를 벌리고 손으로 매만져요.

발끝에 칼 도구를 대고 접으면 좋아요.

16 몸통 위에 머리를 붙인 다음, 발끝을 살짝 접고 칼 도구로 자국을 내 발가락을 표현해요.

17 몸통 옆쪽과 뒤쪽은 황토색 파스텔을, 가운데는 회색 파스텔을 칠해요.

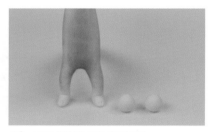

18 흰색 원형을 2개 준비해요.

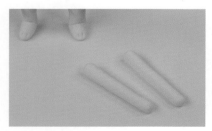

19 길게 밀어요.

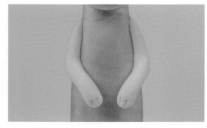

20 끝부분을 살짝 누르고 발가락을 표현한 다음, 몸통 양쪽에 구부려 붙여요.

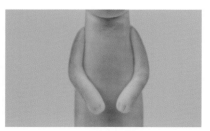

21 황토색 파스텔을 앞다리 바깥쪽에 칠해요.

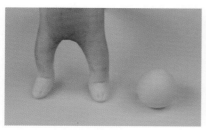

22 흰색 원형을 준비해요.

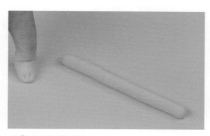

23 길게 밀어요.

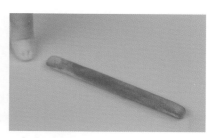

24 황토색 파스텔을 칠해요.

25 흑갈색 타원형을 붙여서 꼬리를 준비
해요.

26 몸통 뒤쪽에 붙여서 미어캣을 완성합
니다.

사막여우

소요시간 1시간 내외
난이도 ★★★☆☆

준비물 칼 도구, 송곳, 도트봉, 가위, 붓과 파스텔

클레이 색상 ⚪ 우유색(흰9.9+노0.1) ⚫ 검은색 ⚫ 흑갈색(노3.5+빨3.5+검3) ⚪ 흰색

1 우유색 원형을 매만져서 주둥이 부분을 봉긋하게 만들어요.

2 검은색 삼각형을 만들어 붙여 코를 표현해요.

3 송곳으로 그어 입과 인중을 표현하고, 눈 붙일 자리에 도트봉으로 눌러 홈을 내요.

4 흑갈색과 흰색 원형을 차례로 붙여서 빛나는 눈동자를 표현해요.

5 우유색 원형을 2개 준비해요.

6 긴 물방울 모양으로 만들어 납작하게 눌러요.

도트봉에 오일을 묻히면 클레이가 밀리지 않아요.

7 물방울 안쪽을 도트봉으로 굴려 오목한 귀를 만들어요.

8 둥근 부분을 평평하게 자른 다음, 머리 양쪽에 붙여요.

입으로 후후 불어 파스텔 가루를 날려 가며 칠해요.

황토색 / 분홍색 / 진갈색

9 파스텔을 칠해 입체적으로 표현해요.

258

10 우유색 원형을 머리보다 크게 준비해
요.

11 긴 물방울 모양으로 만들어요.

12 몸통 위에 머리를 붙여요.

등에서 배 쪽으로
쓸어 내듯 칠해요.

13 배를 제외한 몸통 전체를 황토색 파스
텔로 칠해요.

14 우유색 원형을 서로 다른 크기로 2쌍
준비해요.

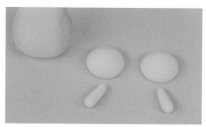

15 큰 원형은 반구 모양의 허벅지를 만들
고, 작은 원형은 타원형으로 만들어요.

16 몸통 양쪽에 허벅지를 붙여요.

17 타원형의 한쪽 면을 평평하게 하고 칼
도구로 자국을 내 발가락을 표현한 다
음, 허벅지 아래에 붙여요.

18 황토색 파스텔을 허벅지에 칠해요.

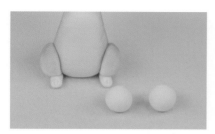

19 우유색 원형을 2개 준비해요.

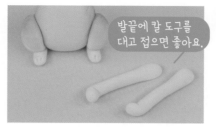

발끝에 칼 도구를
대고 접으면 좋아요.

20 길게 밀어 위쪽은 납작하게 누르고, 아
래쪽은 살짝 접어 발을 표현해요.

발을 바닥에 놓은
상태로 붙여요.

21 칼 도구로 자국을 내 발가락을 표현한
다음, 몸통 양쪽에 붙여요.

259

22 황토색 파스텔을 앞다리 바깥쪽에 칠
해요.

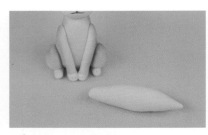

23 우유색 양쪽 물방울 모양의 꼬리를 준비
해요.

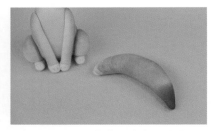

24 살짝 구부린 후 황토색과 갈색 파스텔
로 칠해요.

25 몸통 뒤쪽에 꼬리를 붙여서 사막여우
를 완성합니다.

준비물 칼 도구, 도트봉, 아크릴판, 가위, 붓과 파스텔

클레이 색상 ● 갈색(노7+빨2.5+검0.5) ● 검은색
　　　　　　 ● 고동색(노5+빨3+검2) ○ 흰색

1 갈색 타원형을 매만져서 아래쪽이 통통한 땅콩 모양을 만들어요.

2 도트봉과 칼 도구로 콧구멍과 인중, 입을 표현해요.

3 눈 붙일 자리를 도트봉으로 눌러 홈을 내요.

4 검은색 원형을 홈보다 조금 크게 만들어 붙여 돌출된 눈을 표현해요.

돌출된 눈을 덮어야 하니 넉넉한 크기로 만들어요.

5 갈색 원형을 납작하게 누르고 반으로 잘라 반달 모양의 눈꺼풀을 준비해요.

6 눈 위로 눈꺼풀을 겹쳐 붙여요.

7 고동색 얇은 줄을 눈꺼풀 아래에 붙여서 아이라인을 또렷하게 만들어요.

흰색 원형을 붙여 빛나는 눈동자를 표현해요.

8 고동색으로 끝이 뾰족한 줄을 만들어 붙여 속눈썹을 표현해요.

9 갈색 납작한 물방울 위에 고동색 납작한 물방울을 작은 크기로 붙인 다음, 뾰족한 부분을 오므려서 귀를 만들어요.

261

10 머리 양쪽에 귀를 붙여요.

11 갈색 원형을 머리보다 크게 준비해요.

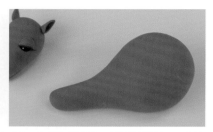

12 기다란 물방울 모양의 몸통으로 만들어요.

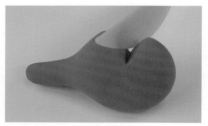

13 물방울의 통통한 부분을 손바닥으로 살짝 누른 후 윗부분을 칼 도구로 눌러요.

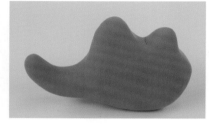

14 자연스럽게 매만져 혹을 표현하고, 목은 위로 살짝 구부려요.

15 목에 머리를 붙여요.

16 갈색 원형을 2개 준비해요.

관절 위아래를 엄지와 검지로 잡고 굴려서 입체적으로 표현해요.

17 길게 밀어서 관절 부분이 도톰한 다리로 만들어요.

18 위쪽은 납작하게 누르고, 아래쪽은 평평하게 매만져서 발바닥을 표현해요.

19 몸통 양쪽에 다리를 붙여요.

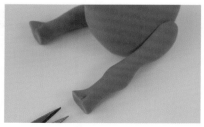

20 발바닥 끝부분을 삼각형 모양으로 오려서 발굽을 표현해요.

21 같은 방법으로 2개 더 만들어 붙여요.

22 고동색 긴 양쪽 물방울을 아크릴판으로 납작하게 눌러요.

23 뒤통수에서 목까지 붙여서 갈기를 표현해요.

24 가위 끝으로 얇게 가위집을 내요.

25 같은 방법으로 혹에도 갈기를 둘러 붙여요.

26 고동색 납작한 사각형에 가위집을 잘게 내고, 갈색 긴 줄도 함께 준비해요.

27 긴 줄 끝에 가위집을 낸 사각형을 빙 둘러 붙여 꼬리를 만들어요.

28 몸통 뒤쪽에 꼬리를 붙여요.

29 아이보리색 파스텔을 주둥이 주위에 칠해서 낙타를 완성합니다.

아르마딜로

소요시간 1시간 30분 내외
난이도 ★★★★☆

준비물 칼 도구, 도트봉, 아크릴판, 가위, 피자커터, 붓과 파스텔

클레이 색상 ● 청회색(회*8+파2) * 회색(흰9+검1)

● 검은색   ● 회남색(남*6+흰4) * 남색(파6+검4)

● 밝은회색(흰9.7+검0.3)

주둥이 끝부분은 사선으로 평평하게 만들어요.

1 청회색 물방울 모양을 매만져 주둥이를 길고 날렵하게 만들어요.

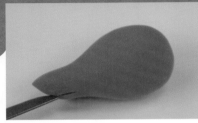

2 칼 도구로 자국을 내 입을 표현해요.

3 눈 붙일 자리를 도트봉으로 눌러 홈을 낸 다음, 검은색 원형을 넣어 붙여요.

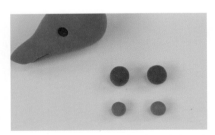

4 회남색과 청회색 원형을 서로 다른 크기로 2쌍 만들어요.

5 납작한 물방울 모양으로 만들어요.

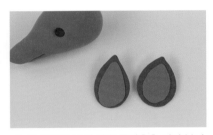

6 큰 물방울 위에 작은 물방울을 얹어 붙여요.

7 둥근 부분을 살짝 접어 귀를 만들어요.

8 머리 양쪽에 귀를 붙여요.

9 회남색 원형을 머리보다 크게 준비해요.

10 타원형으로 만든 다음, 한쪽 면이 평평한 반구 모양의 등이 되도록 매만져요.

11 청회색 원형을 준비해요.

12 양쪽 물방울 모양으로 만들어요.

13 살짝 구부리고 납작하게 눌러 반달 모양으로 만들어요.

14 등의 한쪽 끝에 반달 모양을 붙여요.

15 회남색 긴 줄을 준비해요.

16 아크릴판으로 납작하게 눌러요.

17 청회색 작은 원형을 16 위에 일정한 간격으로 놓은 다음, 도트봉으로 작은 원형을 납작하게 눌러요.

피자커터를 사용하면 깔끔하게 자를 수 있어요.

18 울퉁불퉁한 부분을 반듯하게 오려요.

19 등에 둘러 붙여요.

살짝씩 겹치게 붙여 주세요.

20 같은 방법으로 여러 개 만들어 붙여요.

21 청회색 원형을 준비해요.

265

22 양쪽 물방울 모양으로 만들어 납작하게 눌러요.

23 등의 앞쪽에 붙여요.

24 회남색 타원형을 납작한 반구로 만들어요.

25 등 아래쪽에 붙인 다음 살짝 구부려요.

26 몸통에 머리를 붙여요.

27 회남색 타원형을 2개 준비해요.

28 타원형의 한쪽을 납작하게 눌러서 다리를 만들어요.

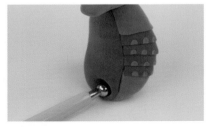

29 몸통 아래쪽의 다리 붙일 자리를 도트봉으로 눌러 홈을 내요.

30 홈 안에 다리를 넣어 붙여요.

31 발끝을 도트봉으로 눌러 홈을 3개씩 만들어요.

32 밝은회색 물방울 모양의 발톱을 만들어 홈 안에 붙여요.

33 같은 방법으로 앞다리도 표현해요.

34 회남색 기다란 원뿔 모양의 꼬리와 얇은 직사각형을 준비해요.

35 꼬리 끝부분에 얇은 직사각형을 둘러 붙여요.

36 직사각형을 겹겹이 둘러 붙여 꼬리를 완성해요.

37 몸통 뒤쪽에 꼬리를 붙여요.

38 밝은회색으로 크고 작은 점무늬를 만들어 붙여요.

39 아이보리색 파스텔을 주둥이에 칠해서 아르마딜로를 완성합니다.

친칠라 소요시간 1시간 내외 난이도 ★★★☆☆

준비물 칼 도구, 송곳, 도트봉, 가위, 붓과 파스텔, 낚싯줄

클레이 색상 ○ 우유색(흰9.9+노0.1) ● 검은색 ○ 흰색

○ 밝은베이지색(흰9.5+베이지*0.5) * 베이지색(흰9.5+노0.2+빨0.2+검0.1)

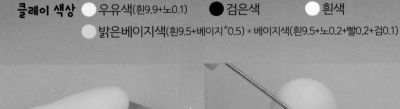

머리가 되는 위쪽은 조금 작게 만들어요.

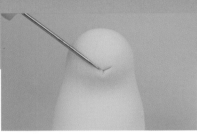

1 우유색 타원형을 매만져서 목 부분을 오목하게 해요.

2 아래쪽에 칼 도구로 자국을 내 두 다리를 표현해요.

3 송곳으로 그어 입과 인중을 표현해요.

눈 붙일 자리를 먼저 도트봉으로 눌러 홈을 내요.

4 검은색과 흰색 원형을 차례로 붙여서 빛나는 눈동자를 표현해요.

5 도트봉으로 몸통 가운데를 살짝 들어 올리는 느낌으로 홈을 만들어요.

6 우유색 원형을 2개 준비해요.

7 물방울 모양으로 만들어 납작하게 눌러요.

8 동그란 부분에 가위집을 내 앞발을 만들어요.

9 홈 안에 앞발을 넣어 붙인 다음, 경계면을 송곳으로 그어 잔털을 표현해요.

10 우유색 원형을 2개 준비해요.

11 타원형으로 만든 다음, 끝부분에 가위집을 내 발을 만들어요.

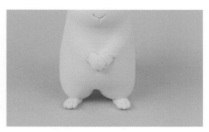
12 다리 아래쪽에 발을 붙여요.

13 밝은베이지색 원형을 2개 준비해요.

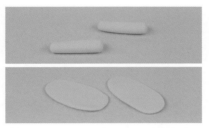
14 긴 타원형으로 만든 다음, 납작하게 눌러요.

15 한쪽을 반으로 접어 귀를 만들어요.

16 머리 양쪽에 귀를 붙여요.

바깥쪽에서 안쪽으로 쓸어 올리듯 칠해요.

17 분홍색 파스텔을 인중과 발에 칠해요.

18 우유색 원형을 준비해요.

19 물방울 모양으로 만든 다음, 몸통 뒤쪽에 붙여 꼬리를 표현해요.

탄성이 없는 낚싯줄을 사용하면 좋아요.

20 낚싯줄을 꽂아 수염을 표현해요.

21 귀 안쪽에 분홍색 파스텔을 칠해 친칠라를 완성합니다.

알파카 소요시간 3시간 내외
난이도 ★★★★★

준비물 칼 도구, 송곳, 도트봉, 붓과 파스텔

클레이 색상 ⚪ 흰색　　⚫ 검은색　　⚪ 우유색(흰9.9+노0.1)

1 흰색 원형을 매만져서 주둥이 부분을 봉 긋하게 만들어요.

2 송곳으로 그어 입과 인중을 표현해요.

눈 붙일 자리를 먼저 도트봉으로 눌러 홈을 내요.

3 검은색과 흰색 원형을 차례로 붙여서 빛 나는 눈동자를 표현해요.

4 흰색 원형을 머리보다 크게 준비해요.

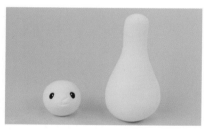

5 마이크 모양의 몸통을 만들어요.

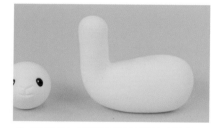

6 마이크의 손잡이 부분을 구부려 목을 표 현해요.

7 목 위에 머리를 붙여요.

8 다리 붙일 자리를 도트봉으로 눌러 홈을 내요.

9 흰색 타원형 모양의 다리 4개를 준비해 요.

10 몸통의 홈 안에 다리를 넣어 붙여요.

11 흰색으로 윗면이 좁은 원기둥 4개를 만들어요.

12 칼 도구로 자국을 내어 발굽을 표현해요.

13 발굽 붙일 자리를 도트봉으로 눌러 홈을 내요.

14 홈 안에 발굽을 넣어 붙여요.

15 콧잔등에는 분홍색 파스텔을, 입과 인중 안쪽에는 갈색 파스텔을 칠해요.

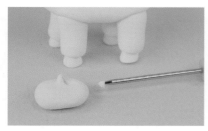

16 송곳으로 우유색 클레이를 조금 떼어 두 손가락으로 대충 뭉쳐 털을 만들어요.

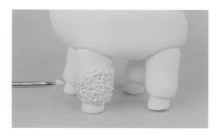

17 발굽을 제외하고 다리 아래쪽부터 털을 붙여요.

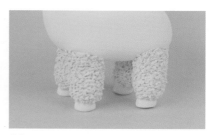

18 다리 전체에 털을 촘촘히 붙여요.

19 털이 풍성하면 좋을 부분에 클레이를 덧대어 붙여요.

20 다리와 마찬가지로 몸통 전체에 털을 촘촘히 붙여요.

21 머리 부분에도 클레이를 덧대어 붙여요.

22 정수리와 얼굴을 제외한 곳에 털을 붙여요.

23 흰색 원형 2개를 준비해요.

24 납작한 물방울 모양으로 만들어요.

25 둥근 부분을 살짝 접어 귀를 만들어요.

26 머리 양쪽에 귀를 붙여요.

헤어 라인을 먼저 채운 후 나머지 부분을 채워요.

27 정수리에도 털을 채워 붙여요.

28 흰색으로 한쪽이 얇은 타원형을 준비해요.

얇은 쪽을 붙여요.

29 살짝 구부려 몸통 뒤쪽에 붙여 꼬리를 표현해요.

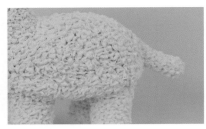

30 꼬리에도 털을 붙여요.

31 귀와 콧잔등에 분홍색 파스텔을, 입과 인중에 갈색 파스텔을 칠해 알파카를 완성합니다.

소요시간 1시간 30분 내외
난이도 ★★★★☆ **펭귄**

준비물 칼 도구, 도트봉, 아크릴판, 가위, 붓과 파스텔

클레이 색상 ● 검은색   ○ 흰색   ● 주황색(노8+빨2)
● 회색(흰9+검1)   ● 진회색(흰8+검2)

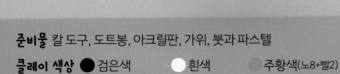

1 검은색 양쪽 물방울 모양의 몸통을 준비
  해요.

2 한쪽 끝을 오목하게 만들어 머리를 표현해
  요.

3 흰색 원형을 준비해요.

4 긴 마이크 모양으로 만들어 아크릴판으
  로 납작하게 눌러요.

5 같은 방법으로 하나 더 만든 다음, 머리
  양쪽에 붙여 무늬를 표현해요.

6 흰색 긴 물방울을 준비해요.

7 납작하게 누르고 뾰족한 부분은 잘라 내
  요.

통통한 부분이
아래로 오도록
붙여요.

8 몸통 앞쪽에 붙여 배를 표현해요.

9 검은색으로 기다란 원뿔을 만들어요.

273

윗부리가 더 길게 표현되도록
분량을 조절해요.

10 끝부분에 가위집을 깊게 내서 부리를 표현해요.

11 주황색 납작한 물방울을 준비해요.

12 아래쪽 부리에 감싸 붙여요.

13 부리를 오므려 붙여요.

14 머리 앞쪽에 부리를 붙여요.

15 몸통 아래쪽을 칼 도구로 눌러 두 다리를 표현해요.

눈 붙일 자리를 먼저
도트봉으로 눌러 홈을 내요.

16 회색, 검은색, 흰색 원형을 차례로 붙여서 빛나는 눈동자를 표현해요.

17 진회색 납작한 물방울과 긴 줄을 3개 준비해요.

가운데를 먼저 붙인 후
나머지를 양쪽에 붙여요.

18 물방울 위에 긴 줄을 올린 다음, 칼 도구로 주름을 표현해 발을 만들어요.

19 같은 방법으로 하나 더 만든 다음, 발가락 끝에 검은색 물방울을 붙여서 발톱을 표현해요.

20 다리 아래쪽에 발을 붙여요.

21 검은색 납작한 물방울의 끝부분을 가위로 오려 꼬리를 만들어요.

22 몸통 뒤쪽에 꼬리를 붙여요.

23 흰색과 검은색 원형을 서로 다른 크기로 준비해요.

좀 더 두껍게 만들어요.

24 긴 물방울 모양으로 만들어 납작하게 눌러요.

25 검은색 위에 흰색을 붙여서 날개를 만들어요.

26 둥근 부분을 가위를 이용해 사선으로 잘라 낸 다음, 몸통 양쪽에 붙여요.

27 노란색 파스텔을 목과 양쪽 볼에 칠해서 펭귄을 완성합니다.

북극곰

소요시간 1시간 내외
난이도 ★★★☆☆

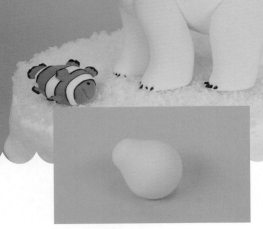
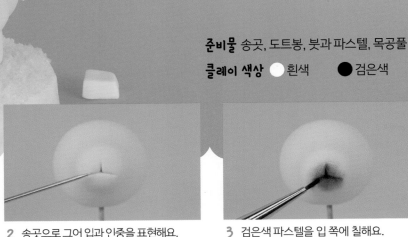
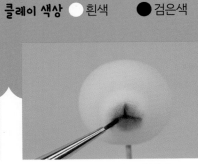

준비물 송곳, 도트봉, 붓과 파스텔, 목공풀
클레이 색상 ⚪ 흰색 ⚫ 검은색

1 흰색 원형을 매만져 주둥이 부분을 만들어요.

2 송곳으로 그어 입과 인중을 표현해요.

3 검은색 파스텔을 입 쪽에 칠해요.

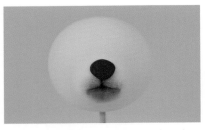

4 검은색 타원형을 납작하게 눌러 붙여 코를 표현해요.

5 눈 붙일 자리를 도트봉으로 눌러 홈을 내요.

6 검은색과 흰색 원형을 차례로 붙여서 빛나는 눈동자를 표현해요.

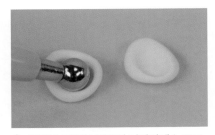

7 흰색 원형을 2개 준비해요.

8 물방울 모양을 만들어 납작하게 누르고, 안쪽을 도트봉으로 굴려 오목한 귀를 만들어요.

9 머리에 붙여요.

10 고동색 파스텔을 귀 안쪽에 칠해요.

11 얼굴보다 큰 원형을 준비해요.

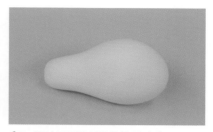

12 끝이 뭉툭한 물방울을 준비해요.

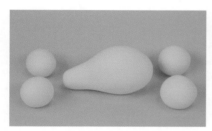

13 흰색 원형을 서로 다른 크기로 2쌍 준비해요.

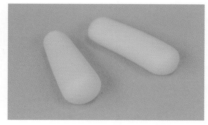

14 작은 원형은 끝이 뭉툭한 물방울로, 큰 원형은 타원형으로 다리를 준비해요.

윗부분은 몸통에 붙일 수 있도록 안쪽 면을 납작하게 해요.

15 물방울의 동그란 부분과 타원형의 한쪽 면을 평평하게 발을 만들고, 살짝 구부려요.

16 다리가 어느 정도 마르면, 목공풀로 몸에 붙여요.

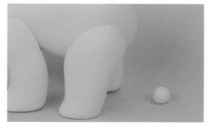

17 흰색 원형을 준비해요.

18 물방울 모양으로 만들어 납작하게 눌러 꼬리를 준비해요.

19 몸통 뒤쪽에 꼬리를 붙여요.

발톱 붙일 자리를 도트봉으로 눌러 홈을 내요.

20 검은색 작은 물방울 모양을 5개씩 붙여서 발톱을 표현해요.

21 몸통에 얼굴을 붙여 북극곰을 완성합니다.

277

용

소요시간 2시간 30분 내외
난이도 ★★★★★

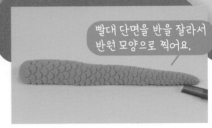

빨대 단면을 반을 잘라서
반원 모양으로 찍어요.

1 푸른회색 긴 물방울을 준비해요.

2 한쪽 면이 평평한 몸통으로 만들어요.

3 평평한 부분을 바닥으로 놓고, 빨대로 눌러서 비늘을 표현해요.

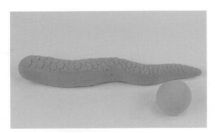

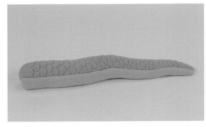

4 노란색 원형을 준비해요.

5 긴 물방울로 만들어 납작하게 누른 다음, 몸통 밑에 붙여서 배를 표현해요.

6 몸통을 구불구불하게 구부리고, 뭉툭한 쪽은 직각으로 세워 목을 표현해요.

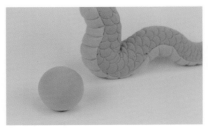

7 칼 도구로 자국을 내 배의 굴곡을 표현해요.

8 푸른회색 원형을 준비해요.

9 원형을 매만져서 주둥이 부분이 봉긋한 머리를 만들어요.

278

준비물 칼 도구, 송곳, 도트봉, 아크릴판, 가위, 붓과 파스텔, 빨대

클레이 색상 ● 푸른회색(밝은회*9.5+파0.5) * 밝은회색(흰9.7+검0.3)
● 노란색 ● 빨간색 ● 검은색 ○ 흰회색(흰9.9+검0.1)
● 밝은회색(흰9.7+검0.3) ● 회색(흰9+검1) ● 다홍색(노6+빨4)

입 바깥쪽 끝을 기준으로 붙이고 남는 부분은 입 안에서 잘라 내요.

10 주둥이에 가위집을 내고 예쁘게 매만진 다음, 위아래로 벌려서 입을 표현해요.

11 다홍색 타원형을 아크릴판으로 납작하게 눌러요.

12 입 안의 위아래에 넣어 붙여요.

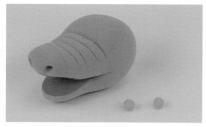

13 도트봉으로 찍어 콧구멍을 만들고, 칼 도구로 눌러 콧잔등의 주름을 표현해요.

14 노란색 원형을 2개 준비해요.

15 물방울 모양으로 만들어 납작하게 누른 후 콧잔등 위쪽에 붙여서 눈을 표현해요.

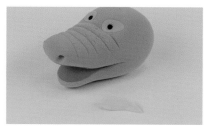

16 검은색 작은 원형을 붙여서 동공을 표현해요.

17 흰회색 물방울을 납작하게 눌러 수염을 만들어요.

18 턱 라인을 따라 수염을 둘러 붙여요.

279

이빨 붙일 자리를 먼저
도트봉으로 눌러 홈을 내요.

19 입 안쪽에 물방울 모양의 이빨을 넣어
붙여요.

20 흰회색의 양쪽 끝을 뾰족하고 길게 민
다음, 양쪽 끝부분만 납작하게 눌러 준
비해요.

21 입 아래쪽에 붙여 입술을 표현해요.

22 위쪽에도 수염과 입술을 붙여요.

23 흰회색 납작한 물방울을 2개 준비해요.

24 동그란 부분을 가위로 뾰족뾰족하게
오려요.

25 자르지 않은 부분끼리 붙여서 코털을
만들어요.

26 코 아래에 붙여요.

눈썹 위쪽에만
가위집을 내요.

27 마찬가지로 눈썹을 만들어 붙여요.

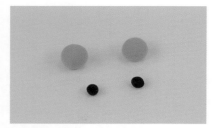

28 푸른회색과 검은색 원형을 서로 다른
크기로 2쌍 준비해요.

29 물방울 모양으로 만들고 납작하게 눌
러요.

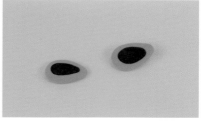

30 큰 물방울 위에 작은 물방울을 붙여서
귀를 만들어요.

31 동그란 부분을 가위로 잘라 내고 머리 양쪽에 붙여요.

32 밝은회색 원형을 준비해요.

33 물방울 모양으로 만들어 납작하게 눌러요.

송곳에 오일을 바르면 깔끔하게 그을 수 있어요.

34 송곳으로 그어 털을 만들어요.

가운데를 먼저 긋고, 나머지 선들은 물방울의 뾰족한 부분으로 모이도록 그어요.

35 다양한 크기로 5개의 털을 만들어요.

36 둥근 부분끼리 이어 붙여 털 뭉치를 만들어요.

37 정수리에 털 뭉치를 붙여요.

38 흰회색 원형을 준비해요.

39 긴 물방울 모양으로 만들어요.

아래쪽에서 살짝 올라간 곳을 잘라요.

40 뾰족한 부분의 아래쪽 근처를 가위로 갈라서 뿔 모양을 표현해요.

뿔을 살짝 구부려 주세요.

41 뿔 붙일 자리에 도트봉으로 먼저 홈을 낸 다음, 뿔을 넣어 붙여요.

42 회색 원형을 뿔과 얼굴에 크고 작게 붙여서 점무늬를 표현해요.

281

43 몸통 위에 머리를 붙여요.

44 푸른회색 원형을 준비해요.

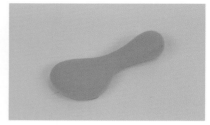

45 물방울 모양으로 만들고 동그란 부분을 납작하게 눌러요.

46 가위로 오려 발가락을 표현하고, 빨대로 자국을 내 다리를 만들어요.

47 몸통에 다리를 붙이고, 노란색과 다홍색을 그라데이션 기법으로 섞어서 여의주를 만들어요.

회색으로 군데군데 점무늬를 표현해요.

회색 물방울을 붙여서 발톱을 표현해요.

48 같은 방법으로 나머지 다리를 만들고, 한쪽은 여의주를 쥐고 있는 것으로 표현해요.

49 다홍색 긴 물방울을 납작하게 누른 다음, 칼 도구로 그어서 털을 만들어요.

50 동그란 부분을 잘라 원하는 길이로 만든 다음, 등줄기와 꼬리, 다리에 털을 붙여요.

51 비늘과 배 사이사이에 진회색 파스텔을 칠해서 용을 완성합니다.

PART 7
사람과
함께 사는
동물

닥스훈트

소요시간 1시간 30분 내외
난이도 ★★★★☆

눈 쪽을 오목하게 만들어요.

1 검은색 원형을 매만져 주둥이 쪽을 길고 날렵하게 만들어요.

2 황토색 긴 타원형을 준비해요.

3 아크릴판으로 납작하게 눌러요.

4 주둥이 아래쪽에 붙여요.

5 황토색 물방울 모양을 준비해요.

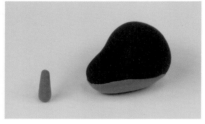

최대한 얇게 만들어야 예뻐요.

6 아크릴판으로 납작하게 눌러요.

7 물방울의 뾰족한 부분을 ㄷ자 모양으로 오려 내요.

8 주둥이 끝에 붙여요.

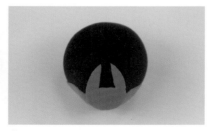

9 검은색 삼각형을 만들어 붙여 코를 표현 해요.

준비물 칼 도구, 송곳, 도트봉, 아크릴판, 가위

클레이 색상 ● 검은색　● 황토색(노8.5+빨1.2+검0.3)　● 진회색(흰8+검2)　○ 흰색

눈 붙일 자리를 먼저
도트봉으로 눌러 홈을 내요.

10 송곳으로 그어 입을 만들어요.

11 진회색, 검은색, 흰색 원형을 차례로 붙여서 빛나는 눈동자를 표현해요.

12 검은색 물방울 모양을 2개 만들어요.

13 물방울을 납작하게 만들어요.

14 물방울의 동그란 부분을 살짝 구부린 다음, 그 부분을 얼굴 양쪽에 붙여서 귀를 표현해요.

15 황토색 작은 물방울을 납작하게 눌러 눈 위에 붙여서 눈썹을 표현해요.

16 검은색 원형을 준비해요.

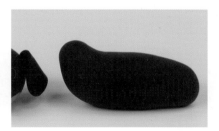

17 길게 만든 다음, 목이 될 부분을 얇게 하여 위로 구부려요.

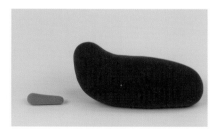

18 황토색으로 한쪽이 살짝 얇은 타원형을 준비해요.

287

19 납작하게 눌러요.

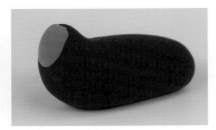

20 타원형을 목 앞쪽에 세로로 붙여요.

21 황토색 납작한 물방울 2개를 준비해요.

22 물방울의 뾰족한 부분이 마주 보도록 가슴 앞쪽에 붙여요.

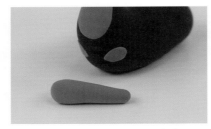

23 황토색 긴 물방울 모양을 준비해요.

24 납작하게 눌러요.

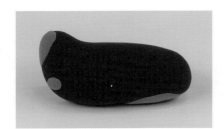

25 아랫배 뒤쪽에 붙여요.

26 검은색과 황토색 원형을 서로 다른 크기로 2쌍 준비해요.

27 검은색은 끝이 뭉툭한 물방울로, 황토색은 긴 타원형으로 만들어요.

28 물방울의 동그란 부분을 살짝 누르고 뾰족한 부분은 평평하게 해요. 타원형의 한쪽은 평평하게 만들어요.

29 물방울과 타원형의 평평한 부분끼리 이어 붙여서 앞다리를 준비해요.

발끝에 칼 도구를 대고 접으면 좋아요.

30 발끝을 살짝 접고 칼 도구로 자국을 내 발가락을 표현해 앞다리를 완성해요.

앞다리보다 크게 만들어요.

31 검은색으로 끝이 둥근 물방울을 2개 준비해요.

32 황토색으로 끝이 둥근 물방울을 2개 준비해요.

33 황토색 물방울을 납작하게 눌러요.

황토색 물방울의 동그란 부분이 검은색 물방울의 얇은 쪽으로 오도록 붙여요.

34 검은색 물방울 위에 납작한 물방울을 감싸듯 붙여요.

색의 경계가 사선이 되도록 눌러요.

35 검은색 물방울의 둥근 부분을 살짝 납작하게 눌러서 뒷다리를 만들어요.

발끝에 칼 도구를 대고 접으면 좋아요.

36 발끝을 살짝 접고 칼 도구로 자국을 내 발가락을 표현해 뒷다리를 완성해요.

37 다리를 몸통에 붙여요.

38 검은색 긴 물방울 모양으로 꼬리를 만들어요.

39 몸통 뒤쪽에 꼬리를 붙여요.

40 몸통에 머리를 붙여 닥스훈트를 완성합니다.

달마시안

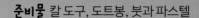

소요시간 1시간 내외
난이도 ★★★★☆

준비물 칼 도구, 도트봉, 붓과 파스텔

클레이 색상 ⚪ 흰색 ⚫ 검은색 ⚪ 분홍색(흰8.5+빨1.5)

1 흰색 원형을 매만져 주둥이 쪽을 길고 날렵하게 만들어요.

입술 바로 아래 턱 부분은
손가락으로 눌러 오목하게 만들어요.

2 칼 도구로 자국을 내 입과 인중을 표현해요.

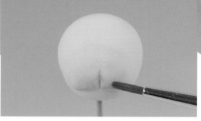

3 분홍색 파스텔을 주둥이 부분에 칠해요.

4 검은색 삼각형을 만들어 붙여 코를 표현해요.

입으로 후후 불어 파스텔
가루를 날려 가며 칠해요.

5 검은색 파스텔로 점무늬를 군데군데 그려요.

눈 붙일 자리를 먼저
도트봉으로 눌러 홈을 내요.

6 검은색과 흰색 원형을 차례로 붙여서 빛나는 눈동자를 표현해요.

7 흰색 납작한 물방울을 2개 준비해요.

8 물방울의 동그란 부분을 살짝 구부린 다음, 그 부분을 얼굴 양쪽에 붙여서 귀를 표현해요.

9 귀에도 점무늬를 그려요.

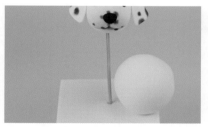

10 흰색 원형을 얼굴보다 크게 준비해요.

11 물방울 모양으로 만들고 옆으로 살짝 기울여 몸통을 만들어요.

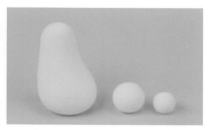

12 흰색 원형을 서로 다른 크기로 2개 준비해요.

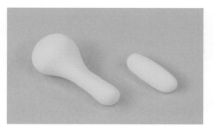

13 큰 원형은 마이크 모양으로, 나머지는 긴 타원형으로 만들어요.

14 마이크의 손잡이 부분을 구부리고, 칼 도구로 자국을 내 뒷다리를 만들어요.

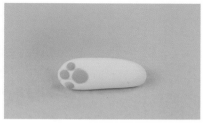

15 긴 타원형의 한쪽 면을 평평하게 만들고, 분홍색 납작한 원형을 붙여서 발바닥을 만들어요.

16 몸통 한쪽에 뒷다리를 붙이고, 뒷다리 옆으로 발바닥이 보이게 붙여요.

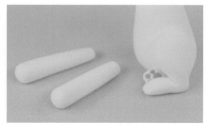

17 흰색 긴 타원형 2개를 한쪽이 살짝 얇도록 매만져서 앞다리를 준비해요.

발끝에 칼 도구를 대고 접으면 좋아요.

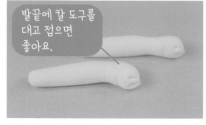

18 발끝을 살짝 접고 칼 도구로 자국을 내 발가락을 표현해요.

발을 바닥에 놓은 상태로 붙여요.

19 몸통 양쪽에 앞다리를 붙여요.

20 흰색 긴 물방울을 만들어 붙여서 꼬리를 표현해요.

21 몸통 위로 머리를 붙인 다음, 군데군데 점무늬를 그려서 달마시안을 완성합니다.

291

말티즈

소요시간 1시간 내외
난이도 ★★★★☆

준비물 칼 도구, 도트봉, 가위, 붓과 파스텔

클레이 색상 ○ 흰색 ● 검은색 ● 빨간색

1 흰색 원형을 서로 다른 크기로 2개 준비해요.

---

2 작은 원형은 타원형으로 만들어 한쪽 면을 평평하게 매만져요.

---

3 큰 원형에 타원형을 붙여 주둥이를 표현해요.

4 주둥이를 빙 둘러 가위집을 내 주둥이 털을 표현해요.

---

5 검은색 원형을 붙여 코를 표현하고, 칼 도구로 자국을 내 인중과 입을 표현해요.

눈 붙일 자리를 먼저
도트봉으로 눌러 홈을 내요.

6 검은색과 흰색 원형을 차례로 붙여서 빛나는 눈동자를 표현해요.

7 흰색 원형을 2개 준비해요.

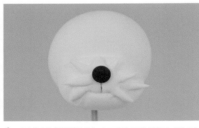

8 납작한 물방울 모양의 귀를 만들어요.

물방울의 둥근 부분을 붙여요.

9 귀의 안쪽에 분홍색 파스텔을 칠한 후 머리에 붙이고, 가장자리에 가위집을 살짝 내요.

10 흰색 원뿔을 2개 만들어요.

11 원뿔을 귀 끝에 붙여요.

12 원뿔 군데군데 작은 가위집을 내 털을 표현해요.

13 빨간색 줄을 만들어 경계면에 둘러 붙여서 고무줄을 표현해요.

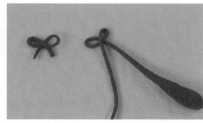

14 빨간색 줄로 리본을 만들어요.

15 고무줄 위에 붙여요.

16 흰색 원형을 머리보다 크게 준비해요.

다음 과정에서 매만지며 길어지니, 생각한 다리 길이보다 짧게 잘라요.

17 타원형으로 길게 밀고, 가위집을 내 다리를 나눠요.

18 양쪽 다리를 벌리고 손으로 매만져 앞다리를 만들어요.

위쪽은 봉긋하게 매만져요.

발끝에 칼 도구를 대고 접으면 좋아요.

19 몸통을 바닥에 세워 둔 상태에서 앞다리를 바닥 쪽으로 꺾어 내리고, 발끝을 살짝 접어요.

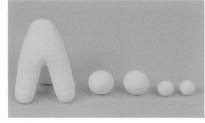

20 흰색 원형을 서로 다른 크기로 2쌍 준비해요.

칼 도구로 자국을 내 발가락을 표현해요.

21 큰 원형은 반구 모양의 허벅지를 만들고, 작은 원형으로는 한쪽 면이 평평한 타원형 모양의 발을 만들어요.

22 몸통 뒤쪽에 허벅지와 발을 붙여요.

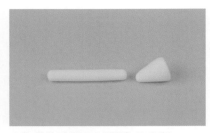

23 흰색 긴 원통과 원뿔을 준비해요.

24 이어 붙인 다음, 원뿔에 가위집을 내 꼬리털을 표현해요.

25 몸통 뒤쪽에 꼬리를 붙여 말티즈를 완성합니다.

비글

준비물 칼 도구, 송곳, 도트봉, 아크릴판, 붓과 파스텔

클레이 색상 ⬜ 흰색   🟤 황토색(노8.5+빨1.2+검0.3)

⚫ 흑갈색(노3.5+빨3.5+검3)   ⚫ 검은색   🟡 분홍색(흰8.5+빨1.5)

무늬는 최대한 얇게 만들어야 해요.

1 흰색 원형을 매만져 주둥이 쪽을 길고 날렵하게 만들어요.

2 황토색 양쪽 물방울을 2개 준비해요.

3 아크릴판으로 납작하게 눌러요.

무늬 사이에 공간을 남기고 붙여요.

4 머리에 둘러 붙여 비글 무늬를 표현해요.

5 칼 도구로 자국을 내 입과 인중을 표현해요.

6 흑갈색 삼각형을 만들어 붙여 코를 표현해요.

검은색 동공을 붙일 때 아랫부분에 흰 눈동자를 조금 남기면 귀여워요.

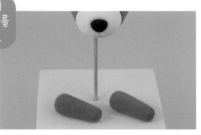

7 눈 붙일 자리를 도트봉으로 눌러 홈을 내요.

8 흰색, 검은색, 흰색 원형을 차례로 붙여서 빛나는 눈동자를 표현하고, 송곳으로 찍어서 수염 자국을 내요.

9 황토색 물방울 2개를 끝이 둥글게 준비해요.

295

10 납작하게 눌러요.

11 물방울의 동그란 부분을 살짝 구부린 다음, 그 부분을 얼굴 양쪽에 붙여서 귀를 표현해요.

12 귀 바깥쪽에 진갈색 파스텔을 칠해요.

13 흰색 원형을 머리보다 크게 준비해요.

14 끝이 뾰족하지 않은 물방울 모양의 몸통을 만들어요.

15 몸통이 한쪽으로 기울어지도록 구부려요.

16 흑갈색 클레이를 아크릴판으로 납작하게 눌러 붙여 등 무늬를 표현해요.

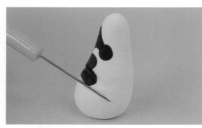

17 송곳으로 군데군데를 눌러 접힌 살을 표현해요.

18 흰색 원형을 준비해요.

19 마이크 모양으로 만들어요.

20 둥근 부분을 살짝 눌러 허벅지를 만들고, 손잡이 부분은 수직으로 꺾고 칼 도구로 자국을 내 발가락을 표현해요.

21 몸통에 붙인 다음, 경계면에 흑갈색 무늬를 붙여요.

296

22 흰색 긴 타원형을 준비해요.

23 한쪽 면을 평평하게 만든 다음, 분홍색 원형을 4개 붙여 발바닥을 표현해요.

24 몸과 뒷다리 사이에 쏙 넣어 발바닥이 보이게 붙여요.

25 몸통에 머리를 붙여요.

26 흰색 타원형을 2개 만들어요.

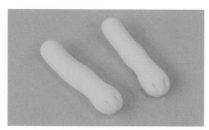

27 관절 위아래를 엄지와 검지로 잡고 살짝 굴려서 입체적으로 표현하고, 칼 도구로 자국을 내어 앞다리를 만들어요.

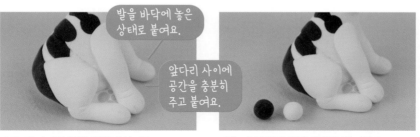

발을 바닥에 놓은 상태로 붙여요.

앞다리 사이에 공간을 충분히 주고 붙여요.

28 앞다리를 몸통 양쪽에 붙여요.

29 흑갈색과 흰색 원형을 준비해요.

30 각각 타원형과 긴 물방울로 만들어 이어 붙인 다음, 한꺼번에 밀어 긴 물방울 모양의 꼬리를 만들어요.

31 몸통 뒤쪽에 꼬리를 붙여 비글을 완성합니다.

슈나우저

소요시간 1시간 30분 내외
난이도 ★★★★☆

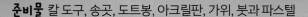

준비물 칼 도구, 송곳, 도트봉, 아크릴판, 가위, 붓과 파스텔

클레이 색상 ● 검은색 ○ 밝은회색(흰9.7+검0.3) ● 회색(흰9+검1)
○ 흰색 ○ 분홍색(흰8.5+빨1.5)

1 검은색 원형을 매만져 주둥이 쪽을 길고 날렵하게 만들어요.

2 밝은회색 타원형을 아크릴판으로 납작하게 눌러요.

3 납작한 타원형을 주둥이 끝에 붙여요.

4 흰색 물방울 모양을 납작하게 눌러 털을 만들어 붙여요.

입 부분을 제외하고 위로 붙여요.

5 같은 방법으로 털을 만들어 둘러 붙여요.

6 검은색 삼각형을 만들어 붙여 코를 표현해요.

7 송곳으로 그어 입과 인중을 표현하고, 눈 붙일 자리를 도트봉으로 눌러 홈을 내요.

8 회색, 검은색, 흰색 원형을 차례로 붙여서 빛나는 눈동자를 표현해요.

9 밝은회색 물방울을 납작하게 누른 다음, 둥근 부분을 가위로 오려 눈썹을 만들어 붙여요.

298

아크릴판을 누르는
강도를 조절하여 크기는
비슷하면서 두께는
다르게 만들어요.

검은색을 살짝 크게
준비해요.

10 검은색과 분홍색 원형을 서로 다른 크기로 2쌍 준비해요.

11 물방울 모양으로 만든 다음, 아크릴판으로 눌러 검은색은 도톰하게 분홍색은 아주 납작하게 눌러요.

12 큰 물방울 위에 작은 물방울을 붙여요.

도트봉에 오일을 묻히면 클레이가 밀리지 않고
자연스럽게 말려 들어가요.

13 안쪽을 도트봉으로 굴려 오목한 귀를 만들어요.

14 둥근 부분은 오므리고, 뾰족한 부분은 구부려요.

15 머리 양쪽에 귀를 붙여요.

16 검은색 파스텔을 입과 인중 라인, 주둥이 털, 눈썹에 칠해요.

17 검은색 원형을 머리보다 크게 준비해요.

18 끝이 뾰족하지 않은 물방울 모양의 몸통을 만들어요.

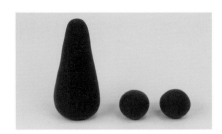

반구의 가장자리로 밝은회색이
살짝 보이도록 붙여요.

19 검은색 원형을 2개 만들어요.

20 반구 모양으로 만들고, 밝은회색 납작한 원형을 같은 크기로 2개 준비해요.

21 평평한 면에 납작한 원형을 감싸듯 붙여서 허벅지를 만들어요.

299

22 몸통 양쪽에 허벅지를 붙여요.

23 밝은회색 타원형을 한쪽 면이 평평한 발로 만들고, 발끝은 칼 도구로 자국을 내 발가락을 표현해요.

24 허벅지 아래쪽에 발을 붙여요.

검은색과 밝은회색의 경계에서부터 안쪽으로 쓸어내리듯 칠하면 색이 자연스럽게 표현됩니다.

25 검은색 파스텔을 허벅지의 밝은 색 부분 가장자리와 발끝에 칠해요.

26 검은색과 밝은회색 원형을 서로 다른 크기로 2쌍 준비해요.

27 물방울 모양으로 만들어요.

28 물방울의 뾰족한 부분끼리 사선으로 이어 붙여요.

29 길게 밀어서 앞다리를 만들어요.

발끝에 칼 도구를 대고 접으면 좋아요.

30 발끝을 살짝 접고 칼 도구로 자국을 내 발가락을 표현해요.

발을 바닥에 놓은 상태로 붙여요.

31 몸통 앞쪽에 앞다리를 붙여요.

32 밝은회색 원형 2개를 준비해요.

33 물방울로 만들어 납작하게 누른 다음, 물방울의 뾰족한 부분이 마주 보도록 붙여요.

검은색과 밝은회색의 경계를
자연스럽게 이어 주세요.

34 가슴 앞에 붙여서 무늬를 표현해요.

35 검은색 파스텔을 가슴과 앞다리에 칠
해요.

36 검은색 원형을 준비해요.

37 끝을 뾰족하게 밀어 꼬리를 만든 다음,
몸통 뒤쪽에 붙여서 슈나이저를 완성
합니다.

웰시코기 소요시간 1시간 30분 내외
난이도 ★★★★☆

준비물 칼 도구, 도트봉, 아크릴판, 가위, 붓과 파스텔

클레이 색상 ⚪ 우유색(흰9.9+노0.1) 🟤 황토색(노8.5+빨1.2+검0.3)
🔴 고동색(노5+빨3+검2) ⚪ 흰색

1 우유색 원형을 매만져 주둥이 쪽을 길고 날렵하게 만들어요.

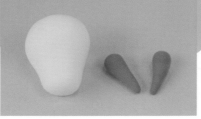

2 황토색 물방울을 2개 만들어요.

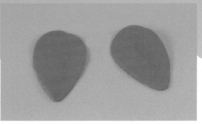

3 납작하게 눌러요.

> 무늬 사이에 공간을 남기고 붙여요.

4 얼굴 양쪽에 붙여 무늬를 표현해요.

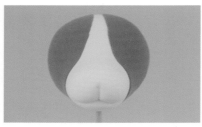

5 칼 도구로 자국을 내 입과 인중을 표현해요.

6 고동색 삼각형을 만들어 붙여 코를 표현해요.

> 눈 붙일 자리를 먼저 도트봉으로 눌러 홈을 내요.

> 입과 인중에 검은색 파스텔을 칠해요.

7 고동색과 흰색 원형을 차례로 붙여서 빛나는 눈동자를 표현해요.

8 황토색 원형을 2개 만들어요.

9 납작한 물방울 모양으로 귀를 만들어요.

10 귀를 살짝 오목하게 구부린 다음, 머리 양쪽에 붙여요.

11 진갈색 파스텔을 귀 가장자리에, 아이보리색 파스텔을 귀 안쪽에 칠해요.

12 황토색 원형을 머리보다 크게 준비해요.

다음 단계에 매만지면서 다리가 길어지므로 적당히 잘라야 해요.

13 타원형으로 길게 밀고, 가위집을 내 다리를 나눠요.

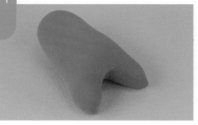

14 양쪽 다리를 벌리고 손으로 매만져 뒷다리를 만들어요.

물을 묻혀 문질러서 매끈하게 만들어요.

15 뒷다리를 구부려 서 있는 몸통을 만들어요.

16 황토색으로 납작한 물방울 모양의 꼬리를 준비해요.

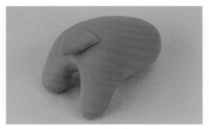

17 몸통 뒤쪽에 꼬리를 붙여요.

18 꼬리 붙인 경계에 물을 소량 묻혀 문질러서 자연스럽게 만들어요.

19 우유색 원형을 준비해요.

20 원뿔 모양으로 만든 다음, 밑면을 안으로 오목하게 매만져요.

21 원뿔의 오목한 부분에 몸통을 넣어 붙여요.

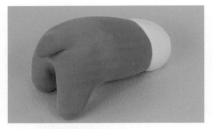

22 원뿔의 뾰족한 끝부분을 잘라 정리해요.

23 우유색 긴 타원형을 2개 준비해요.

발끝에 칼 도구를 대고 접으면 좋아요.

24 타원형을 살짝 접고, 칼 도구로 자국을 내 발가락을 표현해요.

25 발을 뒷다리 아래에 붙여요.

26 한쪽이 살짝 얇은 흰색 타원형을 2개 준비해요.

24보다 길게 만들어요.

얇은 쪽이 아래쪽으로 오게 해요.

27 같은 방법으로 앞발을 만들어요.

28 앞발을 몸통 앞쪽 아래에 붙여요.

29 몸통에 머리를 붙여서 뒤돌아보는 모습으로 표현해요.

물기가 완전히 마른 후에 칠해요.

30 아이보리색 파스텔을 몸통 뒤쪽에 칠해 웰시코기를 완성합니다.

진돗개

준비물 칼 도구, 송곳, 도트봉, 가위, 붓과 파스텔

클레이 색상 ● 황토색(노8.5+빨1.2+검0.3) ● 검은색 ○ 흰색
● 푸른분홍색(분홍*9.9+파0.1) * 분홍색(흰8.5+빨1.5)

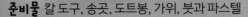

눈 쪽을 오목하게
만들어요.

1 황토색 원형을 매만져 주둥이 쪽을 길고
날렵하게 만들어요.

2 칼 도구로 자국을 내 입과 인중을 표현해
요.

칼 도구를 지렛대처럼
사용해 위아래로 벌려요.

3 칼 도구로 입을 벌려요.

4 입 안쪽에 검은색 클레이를 넣은 다음,
도트봉으로 검은색을 골고루 펴서 눌러
요.

앞쪽 끝은
자국 내지 않아요.

5 푸른분홍색 납작한 타원형에 칼 도구로 자
국을 내 혀를 만들어요.

혀가 바깥쪽으로 살짝 삐져나오게
붙이면 귀여워요.

6 혀를 넣어 붙인 다음, 도트봉으로 입가
모양을 살짝 동그랗게 다듬어요.

눈 붙일 자리를 먼저
도트봉으로 눌러 홈을 내요.

7 검은색과 흰색 원형을 차례로 붙여서 빛
나는 눈동자를 표현하고, 송곳으로 찔러
수염 자국도 표현해요.

8 황토색 원형을 2개 준비해요.

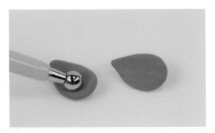

9 물방울 모양으로 만든 다음, 안쪽을 도트
봉으로 굴려 오목한 귀를 만들어요.

305

10 둥근 쪽을 가위로 잘라 내고 머리 위쪽에 붙여요.

11 인중, 귀 테두리와 오목한 안쪽, 혀 안쪽은 진갈색, 주둥이와 귀 테두리 안쪽에 아이보리색 파스텔을 칠해요.

12 황토색 원형을 얼굴보다 크게 준비해요.

13 끝이 뾰족하지 않은 물방울 모양의 몸통을 만들어요.

14 황토색 원형을 서로 다른 크기로 2쌍 준비해요.

15 큰 원형은 한쪽 면이 평평한 물방울 모양의 허벅지를 만들어요.

16 작은 원형은 한쪽 면이 평평한 타원형으로 만든 다음, 칼 도구로 자국을 내 발가락을 표현해요.

17 배 부분을 살짝 눌러 홀쭉하게 하고, 몸통 양쪽에 허벅지와 발을 붙여서 뒷다리를 표현해요.

18 몸통에 머리를 붙여서 고개를 돌린 옆모습을 표현해요.

19 황토색 원형을 2개 준비해요.

발끝에 칼 도구를 대고 접으면 좋아요.

20 길게 밀어 한쪽 끝을 살짝 접고, 칼 도구로 자국을 내 발가락을 표현해요.

발을 바닥에 놓은 상태로 붙여요.

21 몸통에 앞다리를 붙여요.

22 황토색 양쪽 물방울을 준비해요.

23 양쪽 물방울을 살짝 구부려 몸통 뒤쪽에 붙여서 꼬리를 표현해요.

24 진갈색과 아이보리색 파스텔을 군데군데 칠해 입체적으로 진돗개를 완성합니다.

307

토이푸들

준비물 칼 도구, 송곳, 도트봉, 가위

클레이 색상 ● 황토색(노8.5+빨1.2+검0.3) ● 검은색 ○ 흰색

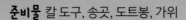

1 황토색 원형을 서로 다른 크기로 2개 준비해요.

2 작은 원형은 타원형으로 만들고 한쪽 면을 평평하게 해요.

3 원형 아래쪽에 타원형을 붙여 주둥이를 표현해요.

4 황토색 클레이를 따로 준비해 송곳으로 조그맣고 동그랗게 뜯어 내요.

5 뜯어 낸 클레이를 손가락으로 살짝만 정리한 후 주둥이 가득 붙여서 채워요.

6 송곳으로 그어 입과 인중을 표현하고, 검은색 원형을 붙여 코를 표현해요.

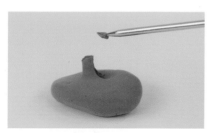

물방울 모양으로 살짝 다듬은 후, 뾰족한 부분이 아래로 가게 붙여요.

7 황토색 클레이를 살짝 길게 뜯어 코 위부터 붙여서 이마까지 채워요.

8 눈 사이의 털을 손가락으로 눌러 밀착시켜 정리한 후 눈 붙일 자리를 도트봉으로 눌러 홈을 내요.

9 검은색과 흰색 원형을 차례로 붙여서 빛나는 눈동자를 표현해요.

정수리를 봉긋하게 만들면 더 귀여워요.

10 황토색 클레이를 동그랗게 뜯어 내 머리 전체에 붙여서 채워요.

11 황토색 원형을 2개 준비해요.

12 납작한 타원형으로 만들어 귀를 만들 어요.

13 끝을 살짝 구부리고 얼굴 양쪽에 붙여 요.

14 황토색 클레이를 뜯어 내 귀 아래부터 붙여서 귀 전체를 채워요.

15 귀 윗부분에 작게 가위집을 내 잔털을 표현해요.

16 황토색 원형을 머리보다 크게 준비해 요.

17 긴 물방울 모양의 몸통을 만들어요.

18 황토색 원형을 서로 다른 크기로 2쌍 준비해요.

발끝에 칼 도구로 자국을 내 발가락을 표현해요.

19 큰 원형은 반구 모양의 허벅지를 만들 고, 작은 원형으로는 한쪽 면이 평평한 타원형 모양의 발을 만들어요.

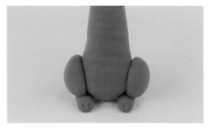

20 몸통 양쪽에 허벅지와 발을 붙여서 뒷 다리를 표현해요.

21 작게 뜯어 낸 황토색 클레이를 몸통과 다리에 붙여서 채워요.

309

22 몸통에 머리를 붙여요.

23 갈색 원형을 2개 준비해요.

24 길게 밀고 한쪽을 납작하게 눌러 앞다리를 준비해요.

발을 바닥에 놓은 상태로 붙여요.

25 납작한 부분을 위로 하여 몸통에 붙여요.

26 황토색 클레이를 떼어 몸통과 앞다리의 경계부터 시작해 다리 전체에 붙여요.

27 황토색 원형을 서로 다른 크기로 2개 준비해요.

28 작은 원형을 길고 가늘게 밀어 큰 원형에 붙여요.

29 큰 원형에 황토색 클레이를 떼어 붙여서 꼬리를 만든 다음, 몸통 뒤쪽에 붙여서 토이푸들을 완성합니다.

30 이름표 목걸이를 만들어 붙이면 더 귀여워요.

준비물 칼 도구, 송곳, 도트봉, 아크릴판, 가위, 붓과 파스텔

클레이 색상 ⚪ 흰색

🔘 연갈색(갈*6+흰4) * 갈색(노7+빨2.5+검0.5)   ⚫ 검은색

1 흰색 원형을 살짝 눌러서 납작한 얼굴을 준비해요.

2 연갈색 원형을 아크릴판으로 최대한 납작하게 눌러요.

3 얼굴 양쪽에 붙여 무늬를 표현해요.

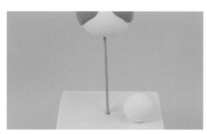

4 흰색 원형을 준비해요.

5 타원형으로 살짝 민 다음, 한쪽 면이 평평한 반구 모양의 주둥이를 준비해요.

6 얼굴 아래쪽에 주둥이를 붙인 다음, 송곳으로 그어 입과 인중을 표현해요.

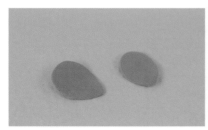

7 연갈색 물방울 2개를 납작하게 눌러 준비해요.

8 물방울의 동그란 부분을 가위로 오린 다음, 뾰족한 부분이 안쪽으로 오게 붙여서 털을 표현해요.

눈 붙일 자리를 먼저 도트봉으로 눌러 홈을 내요.

검은색 동공을 붙일 때 아랫부분에 흰 눈동자를 조금 남기면 귀여워요.

9 흰색, 검은색, 흰색 원형을 차례로 붙여서 빛나는 눈동자를 표현해요.

311

위쪽으로만 붙여요.

10 흰색 물방울 2개를 살짝 구부려 납작하게 눌러요.

11 동그란 부분에 가위집을 내고, 뾰족한 부분이 안쪽으로 오게 붙여서 털을 표현해요.

12 납작한 물방울을 여러 개 만들어서 콧잔등 쪽에 빙 둘러 붙여요.

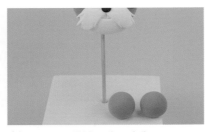

13 검은색 원형을 붙여 코를 표현해요.

14 연갈색 원형을 2개 준비해요.

15 납작한 물방울 모양으로 만들어 귀를 준비해요.

16 물방울의 뾰족한 부분을 얼굴 양쪽에 붙인 다음, 가장자리 군데군데 작은 가위집을 내 털을 표현해요.

17 검은색 파스텔을 귀 아래에서 위로 쓸어 올리듯 칠해요.

18 흰색 원형을 머리보다 크게 준비해요.

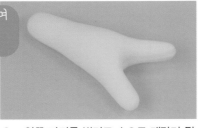

다음 과정에서 매만지며 길어지니, 생각한 다리 길이보다 짧게 잘라요.

19 타원형으로 길게 밀고, 가위집을 내 다리를 나눠요.

20 양쪽 다리를 벌리고 손으로 매만져 뒷다리를 만들어요.

21 뒷다리를 구부려 앉은 모양으로 만들어요.

22 연갈색 타원형을 납작하게 눌러 등에
붙여요.

23 몸통에 머리를 붙여요.

24 흰색 원형 2개를 만들어요.

발끝에 칼 도구를
대고 접으면
좋아요.

25 길게 밀고 한쪽 끝을 살짝 접어 앞다리
를 만들어요.

발을 바닥에
놓은 상태로
붙여요.

26 앞다리 하나는 뒷다리 사이에, 하나는
뒷다리 뒤로 붙여요.

27 연갈색 원형을 준비해요.

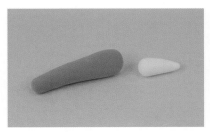

28 끝이 뾰족하지 않은 물방울 모양으로
만들고, 흰색 물방울을 하나 더 준비해
요.

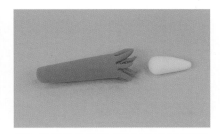

29 큰 물방울의 동그란 부분에 가위집을
내 털을 표현해요.

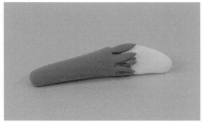

30 가위집 낸 털에 작은 물방울을 붙인 다
음, 가위집을 내서 꼬리를 완성해요.

31 몸통 뒤쪽에 꼬리를 붙여서 시츄를 완
성합니다.

퍼그

소요시간 1시간 30분 내외
난이도 ★★★★☆

준비물 칼 도구, 송곳, 도트봉, 붓과 파스텔, 오일
클레이 색상 ○ 밝은회색(흰9.7+검0.3)
● 검은색 ○ 흰색

1 밝은회색 원형을 살짝 눌러서 납작한 얼굴을 준비해요.

2 검은색 삼각형을 얼굴 아래쪽에 붙여 주둥이를 표현해요.

3 검은색 원형을 준비해요.

4 길게 민 다음 구부려서 아치형으로 만들어 납작하게 눌러요.

5 주둥이 위에 겹쳐 붙여요.

6 칼 도구로 세로로 눌러 인중을 표현하고, 송곳으로 찔러 수염 자국을 만들어요.

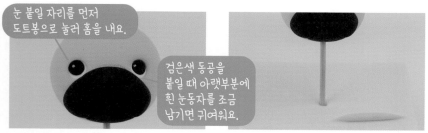

눈 붙일 자리를 먼저 도트봉으로 눌러 홈을 내요.

검은색 동공을 붙일 때 아랫부분에 흰 눈동자를 조금 남기면 귀여워요.

7 흰색, 검은색, 흰색 원형을 차례로 붙여서 빛나는 눈동자를 표현해요.

8 밝은회색 양쪽 물방울을 길게 만들어요.

9 콧잔등 위에 붙여 주름을 표현해요.

경계에 물을 소량 묻혀
문질러서 자연스럽게
만들어요.

10 밝은회색 긴 줄을 눈 사이에 붙여 세로
주름을 만들어요.

주변의 물기가 완전히 마르면,
눈가에 검은색 파스텔을 칠해요.

11 양옆에 세로 주름을 하나씩 더 붙이고,
눈 위로 밝은회색 반달 모양을 붙여요.

송곳에 오일을
바르면 깔끔하게
그을 수 있어요.

12 송곳으로 반달 모양에 반원을 그어 주
름을 표현해요.

13 눈 위에도 줄을 둘러 붙여 주름을 표현
해요.

세필붓을 이용해 입으로 후후 불어
파스텔 가루를 날려 가며 칠해요.

14 주름 사이사이에 검은색 파스텔을 칠
해요.

15 밝은회색 원형 2개를 준비해요.

16 납작한 물방울 모양을 만들어요.

17 물방울의 동그란 부분을 살짝 구부린
다음, 그 부분을 얼굴 양쪽에 붙여서 귀
를 표현해요.

18 검은색 파스텔을 귀 끝에서 위로 쓸어
올리듯 칠해요.

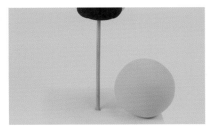

19 밝은회색 원형을 머리보다 크게 준비
해요.

20 물방울 모양의 몸통을 만들어요.

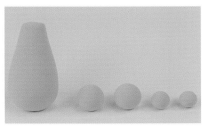

21 밝은회색 원형을 서로 다른 크기로 2쌍
준비해요.

발끝에 칼 도구로 자국을 내
발가락을 표현해요.

22 큰 원형은 반구 모양의 허벅지를 만들
고, 작은 원형으로는 한쪽 면이 평평한
타원형 모양의 발을 만들어요.

23 몸통 양쪽에 허벅지와 발을 붙여서 뒷다
리를 표현해요.

24 검은색 파스텔을 뒷다리에 칠한 다음,
몸통에 머리를 붙여요.

하나는 작게
만들어요.

25 밝은회색 원형을 서로 다른 크기로 3개
준비해요.

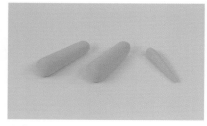

26 큰 원형은 한쪽이 살짝 얇은 긴 타원형
모양의 앞다리를 만들고, 작은 원형은
긴 물방울 모양의 꼬리를 완성해요.

발끝에 칼 도구를 대고
접으면 좋아요.

27 앞다리는 발끝을 살짝 접고 칼 도구로
자국을 내 발가락을 표현해요.

발을 바닥에
놓은 상태로
붙여요.

28 몸통 앞쪽에 앞다리를 붙이고, 몸통 뒤
쪽에는 꼬리를 붙여요.

29 꼬리와 앞다리, 몸통 군데군데 검은색
파스텔을 칠해 퍼그를 완성합니다.

포메라니안

준비물 칼 도구, 송곳, 도트봉, 가위, 붓과 파스텔, 아크릴 물감

클레이 색상
- 우유색(흰9.9+노0.1)
- 검은색
- 푸른분홍색(분홍*9.9+파0.1) * 분홍색(흰8.5+빨1.5)
- 흰색
- 파스텔분홍색(흰9.5+빨0.4+노0.1)

1 우유색 원형을 매만져 주둥이 쪽을 날렵하게 만들어요.

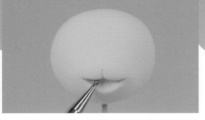

2 송곳으로 그어 인중과 입의 윗 라인을 만들고, 그 아래를 도트봉으로 눌러서 웃는 입을 표현해요.

3 눈 붙일 자리를 도트봉으로 눌러 홈을 내요.

눈을 붙인 다음, 송곳으로 눈 윗부분을 그어서 쌍꺼풀을 표현해요.

4 검은색 원형을 붙여 눈과 코를 표현해요.

5 입 안쪽으로 검은색 클레이를 넣고, 도트봉으로 늘리듯 눌러 모양대로 채워요.

앞쪽 끝은 자국 내지 않아요.

6 푸른분홍색 타원형을 납작하게 누르고 칼 도구로 자국을 내요.

7 적당한 길이로 자른 다음, 입 안쪽에 붙여서 혀를 표현해요.

8 우유색 원형 2개를 준비해요.

9 물방울 모양으로 만들고 살짝 눌러 귀를 만들어요.

10 동그란 부분을 잘라 내고, 귀 안쪽에 분홍색 파스텔을 칠해요.

귀가 털에 파묻힌 느낌을 낼 수 있어요.

11 귀 붙일 자리를 도트봉으로 눌러 홈을 내요.

12 홈 안에 귀를 넣어 붙이고, 흰색 원형을 눈에 붙여 빛나는 눈동자를 표현해요.

13 인중과 혀 안쪽에 검은색 파스텔을 칠해요.

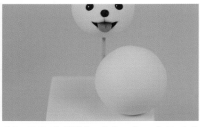

14 우유색 원형을 머리보다 크게 준비해요.

15 한쪽이 살짝 얇은 타원형으로 만들어요.

다음 단계에 매만지면서 다리가 길어지므로 적당히 잘라야 해요.

16 얇은 쪽에 가위집을 내 다리를 나눠요.

17 양쪽 다리를 벌리고 손으로 매만져 앞다리를 만들어요.

붓대에 오일을 바르면 매끈하게 표현돼요.

18 다리 사이에 붓대를 넣어 동그랗게 다듬어요.

목이 될 부분은 두껍지 않게 다듬어요.

19 몸통을 바닥에 세워 둔 상태에서 앞다리를 바닥 쪽으로 꺾어 내려요.

발끝에 칼 도구를 대고 살짝 접어요.

20 우유색 원형을 서로 다른 크기로 2쌍 준비해요.

21 큰 원형은 반구 모양의 허벅지를 만들고, 작은 원형으로는 한쪽 면이 평평한 타원형 모양의 발을 만들어요.

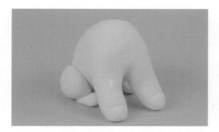

22 몸통 양쪽에 허벅지와 발을 붙여서 뒷
다리를 표현해요.

23 몸통에 머리를 붙여요.

24 우유색 원형을 서로 다른 크기로 2개
준비해요.

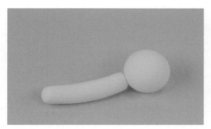

25 작은 원형을 길게 민 다음, 큰 원형에
붙여 꼬리를 만들어요.

26 몸통 뒤쪽에 꼬리를 붙여요.

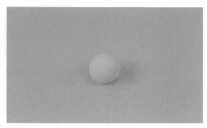

27 파스텔분홍색 원형을 준비해요.

28 납작하게 누른 다음, 반으로 잘라 반원
을 만들어요.

29 흰색 줄을 곡선 부분에 둘러 붙여요.

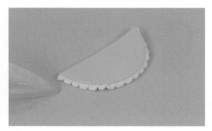

30 칼 도구로 자국을 내 레이스를 표현해
요.

31 아크릴 물감이나 흰색 펜으로 무늬를
그려요.

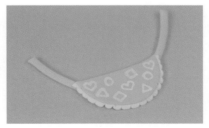

32 파스텔분홍색 줄을 뒤로 숨겨 붙여서
케이프를 완성해요.

33 케이프를 목에 둘러 붙여서 포메라니
안을 완성합니다.

프렌치불독 소요시간 1시간 30분 내외
난이도 ★★★☆

준비물 칼 도구, 송곳, 도트봉, 아크릴판, 붓과 파스텔, 오일

클레이 색상 ⚪ 흰색   ⚫ 검은색
　　　　　　 ⚪ 분홍색(흰8.5+빨1.5)   ⚫ 진회색(흰8+검2)

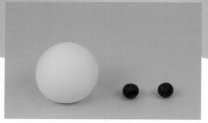

1 흰색 원형과 검은색 작은 원형 2개를 준비해요.

2 검은 원형 하나는 물방울로 만들고 다른 하나는 길게 밀어요.

3 아크릴판으로 납작하게 눌러 무늬를 만들어요.

4 얼굴의 양쪽에 무늬를 붙여요.

5 흰색 원형을 납작하게 눌러요.

6 얼굴 아래쪽에 붙여 주둥이를 표현해요.

7 흰색 원형을 준비해요.

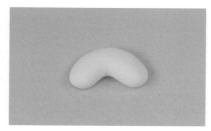

8 길게 민 다음 구부려서 아치형으로 만들어요.

9 한 면을 평평하게 만들어서 주둥이 위에 겹쳐 붙여요.

오일이 남아 있으면 손가락으로 조심히 닦아 내고 칠해요.

10 오일 묻힌 송곳으로 눌러서 주름을 표현해요.

11 분홍색 파스텔을 주둥이에 칠해요.

12 검은색과 분홍색을 하프 믹스 기법 (10p)으로 섞어요.

눈 붙일 자리를 먼저 도트봉으로 눌러 홈을 내요.

13 삼각형으로 만들어 붙여 코를 표현해요.

14 진회색, 검은색, 흰색 원형을 차례로 붙여서 빛나는 눈동자를 표현해요.

15 검은색 클레이를 최대한 납작하게 눌러 코 밑에 붙여서 무늬를 표현해요.

16 같은 방법으로 더 붙여서 자연스러운 무늬를 만들어요.

17 검은색 파스텔을 입 안쪽에 칠해요.

18 송곳으로 찔러 수염 자국을 표현해요.

19 검은색 물방울 2개를 준비해요.

20 물방울을 납작하게 누르고, 안쪽을 도트봉으로 굴려 오목한 귀를 만들어요.

21 머리 양쪽에 붙여서 쫑긋한 귀를 표현해요.

22 흰색 원형을 머리보다 크게 준비해요.

23 한쪽으로 기운 물방울 모양의 몸통으로 만들어요.

24 검은색 타원형을 만들어 구부려요.

25 아크릴판으로 납작하게 누른 다음 등에 붙여서 무늬를 표현해요.

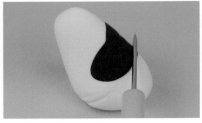

26 송곳으로 눌러 주름을 표현해요.

27 흰색 마이크 모양을 준비해요.

칼 도구로 자국을 내 발가락을 표현해요.

28 동그란 부분을 납작하게 누르고, 손잡이 부분은 꺾어서 뒷다리를 만들어요.

29 몸통 한쪽에 뒷다리를 붙여요.

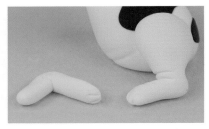

30 흰색 긴 타원형을 구부린 다음, 칼 도구로 자국을 내 발가락을 표현해요.

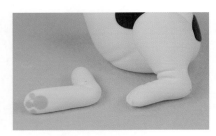

31 분홍색 원형 4개를 붙여서 발바닥을 표현해요.

32 몸통 안쪽에 발바닥이 보이게 붙여요.

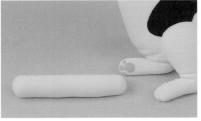

33 흰색 원형 2개를 같은 크기로 준비한 다음, 길게 밀어요.

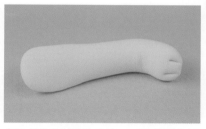

34 한쪽은 납작하게 하고, 다른 한쪽은 끝을 살짝 접고 칼 도구로 자국을 내 앞다리를 만들어요.

발을 바닥에 놓은 상태로 붙여요.

35 몸통 위쪽 양옆에 앞다리를 붙여요.

36 검은색 물방울 모양의 꼬리를 만들어요.

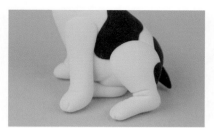

37 몸통 뒤쪽에 꼬리를 붙여요.

38 몸통에 머리를 붙여 프렌치불독을 완성합니다.

323

러시안블루

소요시간 1시간 내외
난이도 ★★★☆☆

1 진회색 원형을 양쪽 엄지로 동시에 눌러서 눈두덩이를 오목하게 만들어요.

2 주둥이가 될 부분을 제외한 나머지를 오목하게 매만져요.

3 아이보리색 파스텔을 주둥이와 콧등에 칠해요.

4 검은색 삼각형을 만들어 붙여 코를 표현해요.

5 칼 도구로 자국을 내 입과 인중을 표현해요.

6 노란연두색 원형을 아크릴판으로 납작하게 눌러서 붙여요.

7 눈에 민트색 파스텔을 칠해요.

먼저 도트봉으로 눌러 홈을 내요.

8 검은색과 흰색 원형을 차례로 붙여서 빛나는 눈동자를 표현해요.

9 진회색과 어두운파스텔보라색 원형을 서로 다른 크기로 2쌍 준비해요.

준비물 칼 도구, 도트봉, 아크릴판, 가위, 붓과 파스텔, 낚싯줄

클레이 색상 ⬤ 진회색(흰8+검2)　　○ 노란연두색(흰7.9+노2+파0.1)　　⚫ 검은색
　　　　　　　○ 흰색　　　　　　　⬤ 어두운파스텔보라색(흰9+빨0.6+파0.4+검0.1)

진회색을 살짝
크게 준비해요.

10 물방울 모양으로 만든 다음, 진회색은 도톰하게 어두운파스텔보라색은 아주 납작하게 눌러요.

11 큰 물방울 위에 작은 물방울을 붙여요.

12 물방울의 동그란 부분을 잘라 낸 다음, 얼굴 위쪽에 오므려 붙여서 귀를 표현해요.

13 검은색 줄을 둘러 붙여 눈매를 또렷하게 만들어요.

14 진회색 원형을 머리보다 크게 준비해요.

15 끝이 뾰족하지 않은 물방울 모양의 몸통을 준비해요.

16 진회색 원형을 2개 만들어요.

17 물방울 모양을 만든 다음, 한쪽 면을 평평하게 매만져 허벅지를 준비해요.

18 몸통 양쪽에 허벅지를 붙여요.

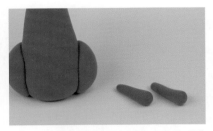

19 진회색 긴 물방울 모양을 2개 준비해
요.

20 허벅지 아래에 붙인 다음, 칼 도구로 자
국을 내 발가락을 표현해요.

21 몸통에 머리를 붙여요.

22 진회색 원형을 얇고 길게 밀어 앞다리
를 준비해요.

발끝에 칼 도구를 대고
접으면 좋아요.

23 발끝을 살짝 접고 칼 도구로 자국을 내
발가락을 표현해요.

발을 바닥에
놓은 상태로
붙여요.

24 두 발을 모아서 몸통 양쪽에 붙여요.

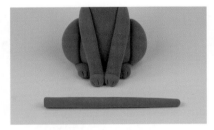

25 진회색 원형을 얇고 길게 밀어 꼬리를
준비해요.

26 꼬리를 구불구불하게 만들어요.

27 몸통 뒤쪽에 꼬리를 붙여요.

탄성이 없는 낚싯줄을
사용하면 좋아요.

28 낚싯줄을 꽂아 수염을 표현하면 러시
안블루가 완성됩니다.

스핑크스

준비물 칼 도구, 송곳, 도트봉, 붓과 파스텔, 오일

클레이 색상 ○ 어두운파스텔분홍색(파스텔분홍*9.9+검0.1) * 파스텔분홍색(흰9.5+빨0.4+노0.1)
○ 연분홍색(흰9.5+빨0.5)   ○ 하늘색(흰9+파1)
● 검은색   ○ 흰색

1 어두운파스텔분홍색 원형을 매만져 주둥이 쪽을 길고 날렵하게 만들어요.

도트봉 끝의 지름이 작은 것을 이용해 주세요. 송곳을 비스듬히 눕혀서 사용해도 좋아요.

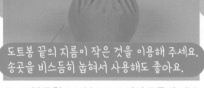

2 오일 묻힌 도트봉으로 그어서 주름진 피부를 표현해요.

3 연분홍색 삼각형을 만들어 붙여 코를 표현해요.

4 눈 붙일 자리를 도트봉으로 눌러 홈을 내요.

5 도트봉으로 눈 밑을 긋듯이 눌러 주름을 표현하고, 송곳으로 그어 입과 인중을 표현해요.

6 하늘색 원형을 홈 안에 넣어 붙여요.

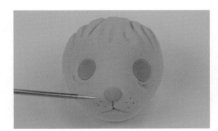

7 송곳으로 찔러 수염 자국을 표현해요.

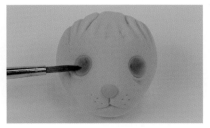

8 회색 파스텔을 눈 안쪽에 칠해요.

9 검은색과 흰색 원형을 차례로 붙여서 빛나는 눈동자를 표현해요.

10 검은색 줄을 둘러 붙여 눈매를 또렷하게
만들어요.

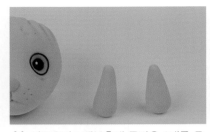

11 어두운파스텔분홍색 물방울 2개를 준
비해요.

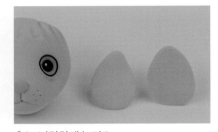

12 납작하게 눌러요.

도트봉에 오일을 묻히면
클레이가 밀리지 않아요.

13 물방울 안쪽을 도트봉으로 굴려 오목
한 귀를 만들어요.

14 머리 양쪽에 귀를 붙여요.

15 어두운분홍색 파스텔을 귀 안쪽과 입,
주름 사이사이에 칠해요.

16 어두운파스텔분홍색 긴 물방울을 준비
해요.

17 송곳으로 군데군데 눌러 주름을 표현
해요.

도트봉 끝의 지름이
작은 것을 이용해요.

18 오일 묻힌 도트봉으로 주름을 반복해
그어 부드럽게 만들어요.

19 어두운파스텔분홍색 원형을 서로 다른
크기로 2쌍 준비해요.

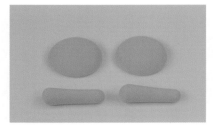

20 큰 원형은 반구 모양의 허벅지를 만들
고, 작은 원형은 긴 타원형으로 만들어
요.

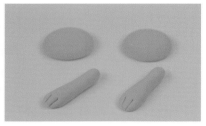

21 긴 타원형의 한쪽 면을 평평하게 만들
고, 칼 도구로 자국을 내 발가락을 표현
해요.

22 몸통 양쪽에 허벅지를 붙여요.

23 허벅지에 주름을 표현해요.

24 허벅지 아래에 발을 붙여요.

25 어두운파스텔분홍색으로 긴 타원형을 2개 준비해요.

발끝에 칼 도구를 대고 접으면 좋아요.

26 발끝을 살짝 접고 칼 도구로 자국을 내 발가락을 표현해요.

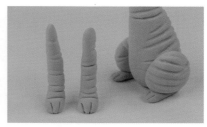

27 앞다리에 주름을 표현해요.

발을 바닥에 놓은 상태로 붙여요.

28 앞다리를 가지런히 모아 붙여요.

29 몸통에 머리를 붙여서 고개를 돌린 옆 모습을 표현해요.

30 어두운파스텔분홍색 원형을 뾰족하고 길게 밀어 꼬리를 만들어요.

31 꼬리를 구불구불하게 만들어요.

32 몸통 뒤쪽에 꼬리를 붙이고, 어두운분 홍색 파스텔을 주름 사이사이에 칠해 서 스핑크스를 완성합니다.

코리안숏헤어 소요시간 1시간 30분 내외
난이도 ★★★★☆

준비물 칼 도구, 송곳, 도트봉, 가위, 붓과 파스텔, 낚싯줄

클레이 색상
- 우유색(흰9.9+노0.1)
- 분홍색(흰8.5+빨1.5)
- 치자색(흰5+노4.9+빨0.1)
- 검은색
- 흰색

1 우유색 원형을 매만져 주둥이 쪽을 날렵하게 만들어요.

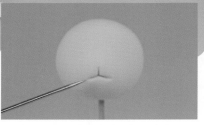

2 송곳으로 그어 입과 인중을 표현해요.

3 분홍색 삼각형을 만들어 붙여 코를 표현해요.

4 눈 붙일 자리를 도트봉으로 눌러 홈을 내요.

입으로 후후 불어 파스텔 가루를 날려 가며 칠해요.

5 밝은황토색 파스텔을 머리 위에서 아래로 쓸어내리듯 칠하고, 분홍색 파스텔로 입을 칠해요.

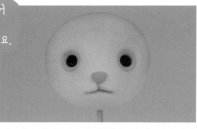

6 치자색과 검은색 원형을 차례로 붙여서 눈동자를 표현해요.

7 검은색 줄을 둘러 붙여 눈매를 또렷하게 만들어요.

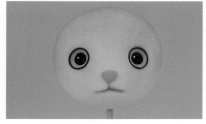

8 흰색 원형을 붙여서 빛나는 눈동자를 표현해요.

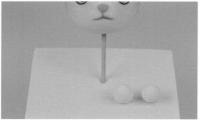

9 우유색 원형을 2개 준비해요.

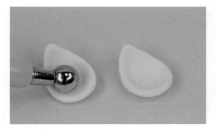

10 물방울 모양으로 만든 다음, 안쪽을 도 트봉으로 굴려 오목한 귀를 만들어요.

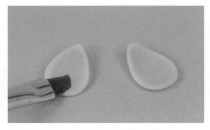

11 분홍색 파스텔을 귀 안쪽에 칠해요.

12 둥근 쪽을 가위로 잘라 내고 머리 위쪽 에 붙여요.

13 밝은황토색 파스텔을 귀에 칠해요.

줄무늬는 세필붓을 사용해요.

14 진갈색 파스텔로 귀 테두리를 칠하고, 줄무늬를 그려요.

탄성이 없는 낚싯줄을 사용하면 좋아요.

15 낚싯줄을 꽂아 수염을 표현해요.

16 우유색 원형을 머리보다 크게 준비해 요.

17 긴 물방울 모양의 몸통을 만들어요.

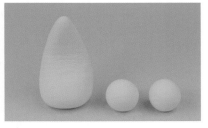

18 긴 물방울을 살짝 구부리고, 우유색 원 형을 2개 준비해요.

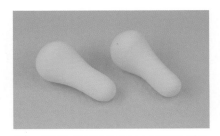

19 원형을 통통한 마이크 모양으로 만들 어요.

20 칼 도구로 자국을 내 발가락을 표현한 다음, 몸통 양쪽에 붙여요.

21 밝은황토색 파스텔을 배와 발끝을 뺀 나머지에 칠해요.

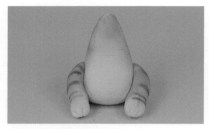

22 진갈색 파스텔로 줄무늬를 그려요.

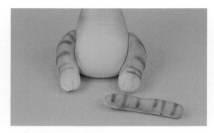

23 우유색 타원형에 밝은황토색과 진갈색 파스텔을 칠해 무늬 있는 꼬리를 만들어요.

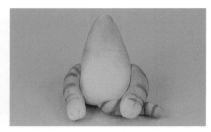

24 몸통 아래에 꼬리를 붙여 꼬리를 깔고 앉은 모습으로 표현해요.

25 몸통에 머리를 붙여요.

26 우유색 원형을 2개 준비해요.

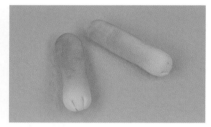

27 길게 밀어 칼 도구로 자국을 내 발가락을 표현하고, 파스텔을 칠해 앞다리를 만들어요.

28 몸통 양쪽에 앞다리를 붙여요.

29 앞다리에 줄무늬를 그려 코리안숏헤어를 완성합니다.

준비물 칼 도구, 송곳, 도트봉, 아크릴판, 가위, 붓과 파스텔, 낚싯줄

클레이 색상 ○ 흰색 ○ 분홍색(흰8.5+빨1.5) ○ 연두색(노9+파1) ○ 하늘색(흰9+파1)
○ 흰분홍색(흰9.5+분홍*0.5) * 분홍색(흰8.5+빨1.5) ● 검은색

1 흰색 원형을 양손 엄지로 동시에 눌러서 눈두덩이를 오목하게 만들고 콧대를 살 아나게 해요.

2 분홍색 삼각형을 만들어 붙여 코를 표현해 요.

3 송곳으로 그어 입과 인중을 표현해요.

4 눈 붙일 자리를 도트봉으로 눌러 홈을 낸 다음, 연두색과 하늘색 원형을 각각 넣어 붙여 오드아이를 표현해요.

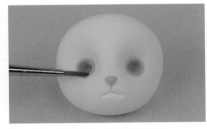

5 남색 파스텔을 눈 안쪽에 칠해요.

6 검은색과 흰색 원형을 차례로 붙여서 빛나 는 눈동자를 표현해요.

7 검은색 줄을 둘러 붙여 눈매를 또렷하게 만들고, 분홍색 파스텔을 입과 인중에 칠 해요.

8 얼굴 가장자리를 빙 둘러 가위집을 내 털 을 표현해요.

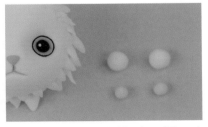

9 흰색과 흰분홍색 원형을 서로 다른 크기 로 2쌍 준비해요.

333

10 물방울 모양을 만든 다음, 아크릴판으
로 눌러서 흰색은 도톰하게 흰분홍색은
아주 납작하게 만들어요.

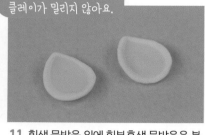

11 흰색 물방울 위에 흰분홍색 물방울을 붙
인 다음, 안쪽을 도트봉으로 굴려 오목
한 귀를 만들어요.

12 머리 양쪽에 붙여 귀를 붙이고, 낚싯줄
을 꽂아 수염을 표현해요.

13 흰색 원형을 머리보다 크게 준비해요.

14 물방울 모양의 몸통을 만들어요.

15 배를 납작하게 누르고 아래쪽을 매만져
양쪽 허벅지를 표현해요.

16 몸통 가장자리에 군데군데 가위집을
내 털을 표현해요.

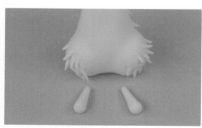

17 흰색 물방울 2개를 준비해요.

18 물방울의 한쪽 면을 평평하게 하고 칼
도구로 발가락을 표현한 다음, 허벅지
아래에 붙여요.

19 흰색으로 끝이 뾰족하지 않은 긴 물방
울 2개를 준비해요.

20 한쪽 끝을 살짝 접고 칼 도구로 자국을
내 앞다리를 만들어요.

21 몸통에 붙일 수 있도록 허벅지 부분을
납작하게 누르고 사선으로 잘라요.

334

발을 바닥에 놓은 상태로 붙여요.

22 앞다리를 가지런히 모아 몸통 앞쪽에 붙여요.

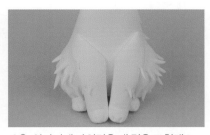

23 앞다리에 가위집을 내 털을 표현해요.

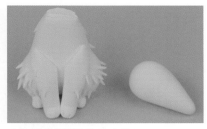

24 흰색 물방울을 준비해요.

가장자리와 가위가 일직선이 되게 자르면 털이 더 얇고 길게 표현돼요.

25 아크릴판으로 납작하게 눌러 가장자리에 가위집을 내요.

26 가슴 앞쪽에 둘러 붙여 가슴 털을 표현해요.

가위를 최대한 밀착해 자르는 게 좋아요.

27 군데군데 가위집을 내 털을 풍성하게 만들어요.

28 몸통에 머리를 붙여요.

29 흰색 긴 물방울을 준비해요.

30 왼쪽에서 오른쪽으로 가위집을 낸 꼬리를 만들어요.

31 몸통 뒤쪽에 꼬리를 붙여서 페르시안을 완성합니다.

기니피그

소요시간 1시간 내외
난이도 ★★★☆☆

준비물 칼 도구, 송곳, 도트봉, 아크릴판, 가위, 붓과 파스텔, 낚싯줄

클레이 색상
- 우유색(흰9.9+노0.1)
- 갈색(노7+빨2.5+검0.5)
- 검은색
- 흰색
- 연베이지색(흰8+베이지*2) * 베이지색(흰9.5+노0.2+빨0.2+검0.1)

1 우유색 원형을 밀어서 타원형으로 만들어요.

2 목 부분을 오목하게 만들어요.

3 목 아래쪽을 손가락으로 눌러서 짧은 앞다리를 표현해요.

4 갈색 원형을 2개 준비해요.

아크릴판으로 누르면 더욱 균일하고 납작하게 만들 수 있어요.

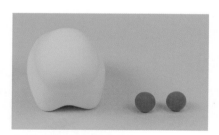

5 타원형으로 만든 후 납작하게 눌러 머리에 붙여요.

6 눈 붙일 자리를 도트봉으로 눌러 홈을 내고, 송곳으로 코와 입을 표현해요.

7 검은색과 흰색 원형을 차례로 붙여서 빛나는 눈동자를 표현해요.

8 갈색 원형을 납작하게 누른 다음, 몸통 뒤쪽에 붙여 무늬를 표현해요.

9 검은색 원형도 납작하게 눌러서 갈색 무늬 위에 겹쳐 붙여요.

10 연갈색 파스텔을 코와 입에 칠해요.

11 연베이지색 원형 2개를 준비해요.

12 타원형으로 밀고 납작하게 눌러요.

13 타원형의 한쪽을 모아 접어서 귀를 준비해요.

14 모아 접은 부분을 머리에 붙여요.

15 연베이지색 마이크 모양 2개를 준비해요.

16 마이크의 동그란 부분을 납작하게 누르고 가위로 오려 발가락을 표현해요.

17 발을 앞다리 아래에 붙여요.

18 연베이지색 타원형을 납작하게 만든 다음, 칼 도구로 눌러서 발가락을 표현해요.

19 발을 몸통 뒤쪽 아래에 붙여요.

20 앞발과 뒷발에 연갈색 파스텔을 칠해요.

21 낚싯줄을 꽂아 수염을 표현하면 기니피그가 완성됩니다.

탄성이 없는 낚싯줄을 사용하면 좋아요.

고슴도치

소요시간 1시간 30분 내외
난이도 ★★★★☆

준비물 칼 도구, 송곳, 도트봉, 아크릴판, 가위, 붓과 파스텔

클레이 색상 ◯ 연미색(흰9.7+노0.3)

밝은황토색(흰7+황토*3) * 황토색(노8.5+빨1.2+검0.3)

● 검은색　● 고동색(노5+빨3+검2)　◯ 흰색

1 연미색 원형을 준비해요.

2 타원형을 만든 후 한쪽을 엄지와 검지로 굴려서 주둥이 부분을 뾰족하게 만들어요.

3 칼 도구로 눌러 입을 표현해요.

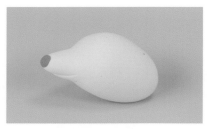

4 밝은황토색 원형을 납작하게 눌러 주둥이 끝에 붙여요.

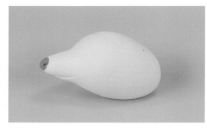

5 송곳으로 구멍을 내 콧구멍을 표현해요.

6 눈 붙일 자리를 도트봉으로 눌러 홈을 내고, 연분홍색 파스텔을 주둥이와 눈두덩이에 칠해요.

7 홈 안에 검은색 원형을 붙여 눈을 표현해요.

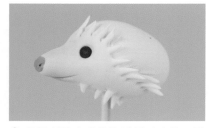

8 몸통 위쪽과 배 쪽을 빙 둘러서 얇고 길게 가위집을 넣어 가시를 표현해요.

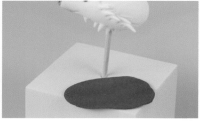

9 고동색 타원형을 아크릴판으로 얇게 눌러 준비해요.

10 가시를 피해 몸통을 덮어 붙여요.

11 연미색 타원형을 아크릴판으로 얇게 눌러 준비해요.

12 고동색 몸통 위로 겹쳐서 붙여요.

13 먼저 만든 가시 뒤로 가위집을 내요.

14 몸통 끝까지 가위집을 촘촘히 내서 가시를 표현해요.

15 가시 가운데를 잘라서 가시를 더 얇고 뾰족하게 만들어요.

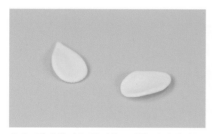

16 연미색 작은 물방울 2개를 납작하게 눌러 귀를 준비해요.

17 귀의 뾰족한 부분을 반으로 접은 후, 머리 양쪽에 붙여요.

18 연미색 원형을 큰 것 2개, 작은 것 2개 준비해요.

짧은 다리가 앞다리가 됩니다.

19 타원형으로 만든 다음, 한쪽 끝을 구부리고 칼 도구로 자국을 내어 다리를 만들어요.

동공에 흰색 원형을 붙여 빛나는 눈동자를 표현해요.

앞다리는 사선으로, 뒷다리는 수평으로 붙여요.

20 몸통 아래로 다리를 붙인 다음, 연분홍색 파스텔을 발에 칠해 입체감 있게 고슴도치를 완성합니다.

유아동 미술 활동부터 성인 취미까지!

세상에서 제일 귀여운 클레이 동물

ⓒ봄다방 김민정 2024

초판1쇄 인쇄 2024년 11월 19일
초판1쇄 발행 2024년 12월 6일

지은이 봄다방 김민정

펴낸이 김재룡
펴낸곳 도서출판 슬로래빗

출판등록 2014년 7월 15일 제25100-2014-000043호
주소 (04790) 서울시 성동구 성수일로 99 서울숲AK밸리 1501호
전화 02-6224-6779
팩스 02-6442-0859
e-mail slowrabbitco@naver.com
인스타그램 instagram.com/slowrabbitco

기획 강보경   **편집** 김가인   **디자인** 변영은 miyo_b@naver.com

값 25,000원
ISBN 979-11-93910-03-0 13630